Esta publicação foi possível graças a um programa de ação social da

imprensaoficial

Alianças e Parcerias

Mapeamento das Publicações Brasileiras sobre Alianças e Parcerias entre Organizações da Sociedade Civil e Empresas

GOVERNO DO ESTADO DE SÃO PAULO
RESPEITO POR VOCÊ

Governador	Geraldo Alckmin
Secretário-Chefe da Casa Civil	Arnaldo Madeira

imprensaoficial

IMPRENSA OFICIAL DO ESTADO DE SÃO PAULO

Diretor-Presidente	Hubert Alquéres
Diretor Vice-Presidente	Luiz Carlos Frigério
Diretor Industrial	Teiji Tomioka
Diretora Financeira e Administrativa	Nodette Mameri Peano
Chefe de Gabinete	Emerson Bento Pereira
Núcleo de Projetos Institucionais	Vera Lucia Wey

ALIANÇA CAPOAVA
ASHOKA AVINA ETHOS GIFE

ALIANÇA CAPOAVA

Comitê Gestor	Geraldo Vieira
	Paulo Itacarambi
	Rebecca Raposo
	Sean Mckaughan
	Vivianne Naigeborin
	Fernando Rossetti
Coordenação Executiva	Cristina Meirelles

Alianças e Parcerias

Mapeamento das Publicações Brasileiras sobre Alianças e Parcerias entre Organizações da Sociedade Civil e Empresas

ALIANÇA CAPOAVA
ASHOKA AVINA ETHOS GIFE

imprensaoficial

São Paulo, 2005

Dados Internacionais de Catalogação na Publicação (CIP)
(Câmara Brasileira do Livro, SP, Brasil)

Alianças e Parcerias – Mapeamento das Publicações Brasileiras sobre Alianças e Parcerias entre Organizações da Sociedade Civil e Empresas /[coordenação executiva, pesquisa e redação Cristina Meirelles].
– São Paulo: Imprensa Oficial do Estado de São Paulo: Aliança Capoava, 2005.

ISBN 85-7060-375-4 (Imprensa Oficial)
ISBN 85-88046-21-0 (Aliança Capoava)

Bibliografia.
1. Alianças estratégicas (Negócios) – Brasil – Bibliografia
2. Empresas – Brasil 3. Organizações da sociedade civil – Brasil
4. Parcerias – Brasil – Bibliografia I. Meirelles, Cristina. II. Título:
Mapeamento das publicações brasileiras sobre alianças e parcerias entre organizações da sociedade civil e empresas.

05-2387 CDD-016.6580420981

Índices para catálogo sistemático:

1. Alianças e parcerias: Organizações da sociedade civil e empresas: Levantamento bibliográfico: Brasil 016.6580420981
2. Levantamento bibliográfico: Alianças e parcerias: Organizações da sociedade civil e empresas: Brasil 016.6580420981
3. Parcerias e alianças: Alianças e parcerias: Organizações da sociedade civil e empresas: Levantamento bibliográfico: Brasil 016.6580420981

Tiragem: 5.000 exemplares

São Paulo, novembro de 2005.

Aliança Capoava
Alameda Santos, 1.470 - conj. 411
Cerqueira César
01418-100 - São Paulo - SP
Tel.: (11) 3285-2104
www.aliancacapova.org.br

Imprensa Oficial do Estado de São Paulo
Rua da Mooca 1921 - Mooca
03103-902 - São Paulo - SP
Tel (11) 6099-9800
Fax (11) 6099-9674
www.imprensaoficial.com.br
livros@imprensaoficial.com.br
SAC 0800 123-401

Novas formas de solidariedade

Três processos conjugados estão remodelando as sociedades contemporâneas. O primeiro, mais debatido, é a diminuição das atribuições econômicas do Estado e de sua participação direta no setor produtivo. O segundo, em contrapartida, é a ênfase crescente na responsabilidade social e ambiental das empresas privadas, das quais se passa a exigir que, além de cuidarem da geração de riqueza, se preocupem também com a redução da pobreza e da desigualdade social e com a sustentabilidade do desenvolvimento. O terceiro processo, complementar aos anteriores, consiste na multiplicação de entidades da sociedade civil conhecidas genericamente como organizações não-governamentais, que se encarregam de executar, sem finalidades lucrativas, projetos sociais e ambientais em cooperação com o Estado e com as empresas privadas.

A reviravolta nos tradicionais papéis do setor estatal e do setor privado e a emergência de um terceiro setor, público mas não-estatal, tem levado, na implementação de ações sociais, a uma interdependência crescente entre esses setores e à realização de alianças e parcerias entre instituições estatais, corporações privadas e organizações da sociedade civil.

Contudo, por se tratar de tendência recente, a reflexão teórica sobre essas experiências é embrionária e ainda pouco compartilhada. A publicação deste mapeamento da produção brasileira sobre o tema, numa edição conjunta da Aliança Capoava e da Imprensa Oficial do Estado de São Paulo, tem, assim, o propósito de contribuir para o aprimoramento dessas modalidades inovadoras de solidariedade social e de cooperação intersetorial, estimulando o conhecimento e a análise de suas formas, dificuldades, resultados e perspectivas.

Hubert Alquéres
Diretor-presidente da Imprensa Oficial
do Estado de São Paulo

Índice

Apresentação – Principais questões e tendências na reflexão sobre o tema Alianças e Parcerias

Como ocorre em praticamente todos os campos do conhecimento humano, o crescente interesse pelo tema alianças e parcerias fez surgir, no Brasil, uma diversidade de atores, práticas e conceitos sobre o assunto.

Com base nesse pressuposto, como primeira incursão da Aliança Capoava nesse campo – que é o foco de sua atuação –, optamos por conhecer o que os estudiosos e operadores da área social refletem e publicam sobre o tema.

Para tanto, realizamos um mapeamento bibliográfico com o que já foi publicado de reflexão sobre o assunto nos últimos dez anos em nosso país. Nele, procuramos saber quais as questões existentes nas publicações sobre aspectos como conceitos, objetivos, processo de formação e pré-requisitos, sistemas de gestão, critérios de avaliação, contexto sociopolítico, elementos que, em nossa opinião, são essenciais à implementação e ao sucesso de alianças e parcerias.

Tendo como ponto de partida questões norteadoras relativas a esses quesitos e a outros surgidos ao longo do trabalho, chegamos ao panorama apresentado nesta publicação.

Ele é resultado da leitura criteriosa de uma parcela representativa dos trabalhos catalogados – que nos possibilitou conhecer as principais abordagens e questões levantadas pelos autores – e de entrevistas com representantes de organizações não-governamentais e empresariais que praticam alianças e parcerias.

Nossa ambição com esta publicação é facilitar o acesso ao assunto e, com isso, valorizar e estimular a produção brasileira sobre alianças e parcerias. Nesse sentido, optamos por não efetuar confrontações entre os conteúdos expostos pelos autores ou em valorar pensamentos e idéias constantes das publicações analisadas. O resultado final do mapeamento, que você encontrará nesta publicação, mostra que essa opção em nada reduziu a importância e a qualidade do que encontramos.

Integrando o teórico e o prático

Ao contrário disso, o cotejamento entre o mapeamento das publicações e as entrevistas realizadas com os operadores de alianças e parcerias traz constatações e informações preciosas, seja para aqueles que se interessam pelo tema como campo de estudo, seja para as organizações que pretendem iniciar ou ampliar a sua atuação em parceria na área social.

A análise integradora entre aspectos enfatizados pelos autores nas publicações e elementos da aprendizagem cotidiana ressaltados pelos parceiros entrevistados nos permitiu identificar as principais tendências, lacunas e desafios no desenvolvimento do tema e de sua prática.

Interdependência entre os setores

Uma primeira constatação que emana da leitura dos trabalhos é que, no caso brasileiro, ainda que conceitos, metodologias e dados nem sempre sejam claramente explicitados e consoantes, a intervenção social vem sendo compreendida cada vez mais como um processo – amplo e heterogêneo – de interdependência mútua entre instituições estatais, organizações da sociedade civil e corporações privadas.

Os complexos desafios impostos à intervenção social a partir da idéia de modelos de desenvolvimento sustentável e do aceleramento provocado pelos avanços tecnológicos, aliados a uma verdadeira reviravolta nos tradicionais papéis desses setores, fizeram prosperar no Brasil novos paradigmas de cooperação entre eles.

Assim, a necessidade do trabalho em aliança e parceria surge como busca de soluções sustentáveis para os problemas de desenvolvimento e para o enfrentamento da pobreza e da exclusão social. Nesse sentido, sua importância aumenta à medida que os problemas sociais se tornam mais complexos.

Hoje, caminha-se para um consenso: já não existe praticamente nenhuma ação de combate às desigualdades sociais que não dependa, em algum grau, da interação e da interdependência entre instituições de diversos setores e origens.

Em vista disso é que – por designarem novas formas de relação entre setores, organizações e indivíduos – a idéia e a prática de alianças, parcerias, cooperações e redes vêm assumindo importância central na implementação de ações sociais.

Tanto os autores quanto os parceiros entrevistados mostram que um dos motivos para essa relevância é a ampliação da eficácia das ações possibilitada pelo trabalho em conjunto. Segundo eles, ao contrário das ações isoladas, as alianças e parcerias têm maior capacidade de agregar diferentes recursos, conhecimentos e competências, gerando maiores resultados.

Cabe ressaltar, entretanto, que praticamente inexistem sistemas de avaliação que atestem essa maior eficácia, lacuna apontada e analisada pelos especialistas nos artigos que fecham esta publicação.

Sobre os conceitos e a investigação da prática

A análise aponta ainda para a formação de alianças e parcerias entre organizações da sociedade civil e empresas como um fenômeno recente e que, embora já exista um acúmulo de trabalhos e reflexões sobre o tema, ainda há muito que se investigar, especialmente sobre a prática concreta. A realização de um maior número de estudos com foco na prática talvez propiciasse a elaboração de um conceito que refletisse com maior precisão as relações entre essas organizações no Brasil.

Isso porque, no que diz respeito à definição conceitual, percebe-se uma enorme diversidade de significados atribuídos a alianças e parcerias. As compreensões variam muito. Vão desde perceber alianças e parcerias como um discurso que vem sendo incorporado pelas empresas no esforço de legitimar suas ações, até defini-las como expressão de uma nova arquitetura social, que pressupõe entendimento, consenso, comunicação, articulação de interesses e qualidade de relação.

O amplo leque de compreensões a respeito da prática pode ser sintetizado em três formas distintas, podendo ser excludentes ou complementares entre si. Assim, as alianças e parcerias podem ser percebidas como:

- instrumentos interessantes para a efetivação da responsabilidade sócio-empresarial e para a sustentabilidade das organizações da sociedade civil;
- emblemas da diminuição da responsabilização do setor público em face dos enormes desafios sociais, bem como da concentração do poder econômico e tecnológico no setor empresarial;
- símbolos da renegociação de um novo pacto social.

A definição conceitual deriva da opção feita entre essas compreensões. Entretanto, pelo que demonstram os autores e a experiência concreta das organizações parceiras, o trabalho conjunto envolve composições de competências e valores e pressupõe a construção de um novo tipo de relação – compartilhada, em constante aprendizado, – que visa a sustentabilidade e a ampliação do impacto das ações sociais.

As diferenças entre aliança e parceria

Não menos variadas são as percepções sobre as diferenças objetivas entre parceria e aliança. Embora os elementos utilizados para caracterização e diferenciação sejam semelhantes – tempo (maior ou menor) de duração; existência ou não de complementaridade técnica, financeira ou operacional; grau de identidade entre os parceiros; compartilhamento ou não de crenças e valores; modo pelo qual o planejamento, os objetivos e os papéis são definidos; dimensão do impacto – encontramos entre os autores conceituações exatamente opostas na definição do que venha a ser uma parceria *vis-à-vis* uma aliança.

Por exemplo, há autores que definem a aliança como sendo uma relação de longo prazo e com valores compartilhados, enquanto a parceria é uma forma de colaboração de curto prazo.

Outras publicações afirmam exatamente o oposto: que parcerias são relações substantivas e construídas no longo prazo, com valores compartilhados, enquanto as alianças são movidas por razões táticas, com foco específico e realizadas no curto prazo. Há ainda trabalhos que trazem implícita uma visão de etapas, segundo a qual a relação de parceria é aquela que "ainda" não alcançou o estágio de uma aliança.

Se para alguns autores parcerias e alianças são conceitos distintos, vale destacar que para os parceiros entrevistados essa não é uma questão relevante na prática cotidiana. Para eles, mais importante do que a denominação são os cuidados que se deve observar no tocante a elementos essenciais durante a implementação de uma parceria entre organizações da sociedade civil e empresas.

No que diz respeito às classificações e tipologias, se faz necessário um alerta, pois há uma forte tendência presente nas publicações em transpor propostas originadas em outros cenários sociais que nem sempre são adequadas à diversidade e à fluidez da realidade social brasileira.

Elementos essenciais para desenvolvimento de uma parceria

Tanto autores quanto operadores da área social fazem recomendações muito semelhantes quanto aos elementos que devem ser observados para que alianças e parcerias alcancem sucesso efetivo.

Entre elas podem-se destacar: respeito à diversidade cultural; definição de procedimentos claros para a escolha dos parceiros; construção de consensos prévios quanto a expectativas, objetivos, papéis, recursos, estratégias e critérios de avaliação; socialização das informações; e planejamento conjunto.

No que tange à gestão de alianças e parcerias, as recomendações são para que se tenha em conta que o trabalho conjunto, em vista da sua crescente complexidade, pressupõe muitas vezes o rompimento com estruturas hierárquicas tradicionais e o gerenciamento diário de questões ligadas às relações de poder entre os parceiros, bem como de conflitos decorrentes das diferentes racionalidades e culturas das organizações da sociedade civil e empresas.

Para enfrentar esse cenário, além de observar os elementos descritos anteriormente, é necessário que os parceiros estejam atentos e tenham flexibilidade para considerar os elementos intangíveis que compõem uma parceria. Isso porque as características e os atributos das alianças e parcerias estão predominantemente inseridos no campo dos valores e da ética. Assim, transparência, ética, responsabilidade e confiança são simultaneamente características, pré-requisitos e valores para os quais deve-se ter atenção especial quando do estabelecimento e da gestão de uma parceria.

Nesse sentido, outra importante recomendação dos autores e especialmente das lideranças entrevistadas é para que se estabeleçam procedimentos de avaliação da qualidade da própria relação de parceria e não só dos projetos levados a cabo por meio dela.

Predomínio da ótica empresarial

Vale notar que é evidente na literatura uma predominância das reflexões que partem da ótica e das motivações empresariais sobre o fenômeno. Percebe-se uma baixa freqüência de trabalhos que refletem as perspectivas e concepções das organizações da sociedade civil sobre suas parcerias e alianças com o mundo corporativo.

A análise das publicações e a sistematização das entrevistas com os parceiros mostram que as empresas que desenvolvem parcerias com outras organizações vêm considerando como principais benefícios a otimização de suas competências e a potencialização de resultados sociais.

Para as organizações empresariais, o desafio central é a superação das diferenças nas culturas organizacionais. É curioso notar que, na grande maioria dos casos, há ausência de processo de planejamento, acompanhamento e monitoramento, mecanismo familiar ao mundo empresarial e considerado como um elemento facilitador para a superação dessas diferenças.

Outra observação relativa à participação das empresas que merece ser destacada é que ainda prevalece uma tendência das corporações brasileiras para a operação direta ou o estabelecimento de parcerias com organizações criadas por elas mesmas, em geral fundações e institutos.

A articulação com o público interessado

Surpreendeu o baixo número de publicações com reflexões sobre o envolvimento da população interessada nos processos de formação, gestão, planejamento, acompanhamento e avaliação das parcerias e alianças. Tal constatação nos leva a dois questionamentos: As comunidades locais e a população-alvo em geral não têm um papel importante a desempenhar, se valores como confiança, transparência e comunicação são intrínsecos às alianças e parcerias? Se o processo é compartilhado, a construção da legitimidade da intervenção social feita em parceria está delegada apenas às organizações da sociedade civil?

Tendência de crescimento

Se por um lado podemos notar uma tendência para o aumento no número de alianças e parcerias entre organizações da sociedade civil e empresas, presente tanto na opinião das organizações que exercem o tema no cotidiano quanto na maioria das reflexões, por outro a análise integradora das opiniões nos permite inferir que existem alguns obstáculos a essa tendência, que podem ser resumidos em duas questões de diferentes naturezas:

- questões políticas, ideológicas e de pressupostos das diferentes organizações – aspectos que geram dificuldades nas negociações de interesses, no trato das questões de poder e das diferenças nas culturas organizacionais;
- questões instrumentais e de procedimentos de negociação, planejamento, gestão e avaliação do trabalho em conjunto.

A não-observação desses obstáculos poderá colocar em risco o desenvolvimento ou a gestão de uma relação de parceria.

Desafios e perspectivas

Ao apontar obstáculos, tendências e lacunas, a análise que integrou o conteúdo das publicações com as percepções daqueles que operam no dia-a-dia confirmou o enorme desafio que é promover e estimular, em nosso país, a reflexão sobre os modelos e os impactos das parcerias e alianças entre organizações da sociedade civil e empresas.

Agora sabemos com maior precisão a dimensão desse desafio. Continuamos com metas ambiciosas, tanto no sentido de aumentar o universo de relações entre estas organizações quanto no de lançar um olhar construtivamente mais crítico sobre a qualidade das parcerias, seus princípios éticos, suas relações de poder, seus potenciais e a avaliação permanente de seus resultados.

Se por um lado – como se pode ver na leitura dessa publicação – as questões encontradas confirmam a ambição do desafio, por outro, os conhecimentos adquiridos nos permitem traçar com maior segurança e ânimo os caminhos e rotas a seguir.

Para que fosse possível a realização deste trabalho, contamos com o apoio de Clóvis Borges, Neylar Lins, Rosa Maria Fischer e Simone Coelho. Com suas experiências e conhecimento, participam do Comitê de Pesquisa formado pela Aliança Capoava e deram valiosas contribuições para o aprimoramento metodológico e conceitual do mapeamento.

ALIANÇA CAPOAVA
ASHOKA AVINA ETHOS GIFE

1. Introdução

Para chegarmos ao mapeamento final apresentado nesta publicação, inicialmente o levantamento da literatura sobre o tema incluiu não só publicações que fazem referência direta a alianças e parcerias entre organizações da sociedade civil e empresas, como também toda produção que tivesse alguma aproximação com o assunto.

Com esse critério, 158 títulos foram cadastrados de maneira preliminar. A partir da leitura e/ou resumo das obras, foram selecionadas 106 publicações que abordam diretamente o recorte do tema e excluídos 52 trabalhos que tratam, em sua maioria, do chamado terceiro setor de forma genérica.

Mesmo que não-específicos para o mapeamento, alguns trabalhos que têm como foco as parcerias com o setor público foram incluídos em decorrência da freqüência com que foram citados nas publicações selecionadas.

Embora abrangente, o levantamento bibliográfico não objetivou ser exaustivo. Não compreendeu, necessariamente, a produção não-catalogada em bibliotecas virtuais ou aquelas não-disponíveis para consulta virtual.

Entretanto, os procedimentos adotados para ampliar o universo pesquisado – consulta a especialistas, centros de pesquisa e levantamento em referências bibliográficas – demonstraram que a maioria dos trabalhos citados está incluída no conjunto dos títulos levantados no mapeamento, e nesta publicação.

Em vista disso e para permitir uma atualização constante, a Aliança Capoava coloca à disposição dos leitores e colaboradores o site www.aliancacapoava.org.br por meio do qual qualquer usuário poderá fazer indicações de publicações que porventura não foram incluídas neste trabalho ou que tenham sido recentemente editadas.

Com o objetivo de apontar perspectivas futuras, fecham a publicação três artigos de opinião de autoria de especialistas da área, integrantes do Comitê de Pesquisa, formado por quatro especialistas na área. A partir dos resultados encontrados ao longo do mapeamento, eles foram instigados a abordar questões e aspectos considerados essenciais e que receberam pouca ou nenhuma ênfase na bibliografia brasileira sobre alianças e parcerias.

2. Metodologia

2.1. Definição das categorias e etapas do mapeamento

O mapeamento foi realizado em três etapas e teve como ponto de partida as seguintes questões norteadoras:

- Quais os conceitos sobre alianças e parcerias existentes na bibliografia disponível?
- Quais são as tipologias para classificação de alianças e parcerias mais utilizadas? Que atributos são considerados fundamentais para cada categoria?
- Quais são os critérios de avaliação mais adequados?
- Que exemplos existem e podem ser identificados a partir dos critérios construídos?

Essas questões foram definidas a partir da sistematização das reflexões dos representantes das organizações que integram a Aliança Capoava (Ashoka, Avina, Ethos e GIFE) e de alguns dos procedimentos metodológicos do estado-da-arte – caracterizado como um levantamento e análise da produção sobre o assunto.

O objetivo principal das questões norteadoras da pesquisa era encontrar categorias capazes de identificar, em cada produção e no conjunto delas, as perspectivas e as lacunas de reflexão sobre o tema.

Em seguida à definição das categorias, iniciaram-se as três etapas da pesquisa. Na primeira, foi efetuado um levantamento das publicações brasileiras sobre alianças e parcerias. Ainda dentro dessa etapa, as publicações levantadas foram organizadas por região, tipo e ano de edição. Posteriormente foram elaborados resumos de uma amostra do universo encontrado. A segunda etapa constituiu-se em analisar essa amostra à luz de 11 categorias derivadas das perguntas norteadoras da pesquisa.

Por último, para que fosse verificado o grau de consonância entre a teoria e a prática, foram realizadas entrevistas com os responsáveis por cinco parcerias e alianças envolvendo organizações da sociedade civil e empresas. As experiências objeto dessa enquete foram indicadas pelo Comitê Gestor da Aliança Capoava e pelo Comitê de Pesquisa. O questionário das entrevistas foi elaborado tendo como base as perguntas norteadoras e novas questões surgidas na análise do próprio material da pesquisa.

2.2. Delimitação da abrangência do levantamento bibliográfico

O levantamento bibliográfico incluiu todo tipo de produção sobre alianças e parcerias entre organizações da sociedade civil e empresas publicada no Brasil nos últimos dez anos, não importando a sua forma. Foram pesquisados artigos *on-line*; cadernos e periódicos; livros e capítulos de livros; publicações de simpósios, congressos e seminários; publicações institucionais; relatórios de pesquisa; teses e dissertações.

Para se chegar às 106 publicações selecionadas, foram utilizados como fontes: banco de dados de teses e dissertações; banco de dados de organismos de pesquisa; publicações institucionais nacionais e internacionais; catálogos de editoras e livrarias; bibliotecas universitárias nacionais que dispunham de catálogo *on-line*; referências bibliográficas das publicações catalogadas; e contato com pesquisadores e especialistas.

2.3. Procedimentos adotados no levantamento bibliográfico

Preliminarmente optou-se pelo uso de quatro expressões para a delimitação dos atores (sujeitos da ação) das parcerias e alianças. Foram elas:

- organizações da sociedade civil - compreendendo todo tipo de organização social sem fins lucrativos, tais como ONGs, entidades filantrópicas, organizações comunitárias, sindicatos, igrejas, universidades, entre outras;
- fundações e institutos empresariais;
- empresas;
- organizações internacionais.

Foram utilizados três procedimentos de pesquisa ao longo do levantamento bibliográfico e que resultaram no total de 106 produções:

- **Pesquisa nas fontes –** para se efetuar o levantamento em cada uma das fontes consultadas foram utilizadas as seguintes palavras-chave: aliança, parceria, cooperação, terceiro setor, responsabilidade sócio-empresarial, filantropia local, investimento social privado, trabalho ou integração com a comunidade.
- **Contato com pesquisadores –** com o objetivo de complementar e ampliar a representatividade regional do levantamento, foram feitos contatos com 82 pesquisadores de 15 estados brasileiros e a eles solicitadas indicações de trabalhos sobre alianças e parcerias entre organizações da sociedade civil e empresas, especialmente de suas regiões. Para localização desses pesquisadores foi utilizada como fonte a pesquisa "Terceiro Setor, Inventário da Produção Brasileira", realizada em 2001 pelo Ceats/USP (Centro de Estudos em Administração e Terceiro Setor), que identificou 38 centros de estudos no Brasil que trabalham o tema terceiro setor.
- **Referências bibliográficas –** foram selecionadas ainda publicações identificadas nas referências bibliográficas dos 69 trabalhos resumidos e outras indicadas diretamente pelos integrantes do Comitê de Pesquisa.

2.4. Aplicação das categorias de análise

As 11 categorias de análise apresentadas no quadro a seguir foram aplicadas sobre 69 publicações*, o que corresponde a 65% do total de 106 trabalhos catalogados. É importante ressaltar que a análise foi realizada no conjunto da amostra, sem qualquer distinção da modalidade de publicação (livro, artigo, tese e dissertação) em que o trabalho foi originalmente escrito por seu autor.

* Este universo corresponde à totalidade de publicações às quais a Aliança Capoava teve acesso no período do mapeamento.

Categorias	Principais conteúdos
1. Contexto sociopolítico e econômico	▪ As novas formas de organização da sociedade ▪ As mudanças nos papéis do Estado, do mercado e das organizações da sociedade civil ▪ A complexidade dos problemas sociais
2. Diagnóstico de situação	▪ Como andam as parcerias e alianças no Brasil ▪ As pesquisas existentes ▪ Os desafios e as tendências
3. Conceitos	▪ Os significados atribuídos a parcerias e alianças ▪ A distinção entre os conceitos
4. Atributos	▪ Aspectos destacados para caracterizar alianças e parcerias, os principais atributos ▪ As características dos parceiros
5. Pré-requisitos	▪ As variáveis que contribuem para o sucesso ▪ As competências essenciais
6. Objetivos	▪ As ênfases na realização de alianças e parcerias: benefício mútuo, maior eficácia das ações, maior impacto social
7. Processo de formação	▪ Motivações originais ▪ Etapas e procedimentos ▪ A escolha dos parceiros
8. Gestão	▪ Administração de diferentes racionalidades e culturas ▪ Equilíbrio nas relações de poder ▪ Recomendações
9. Classificação	▪ As tipologias existentes para a classificação de alianças e parcerias
10. Valores	▪ A ética que norteia alianças e parcerias
11. Avaliação	▪ Critérios de avaliação dos parceiros, das relações, dos resultados e do impacto social das alianças e parcerias

3. Mapeamento bibliográfico

Os gráficos a seguir apresentam um quadro estatístico referente às 106 publicações e aos 69 trabalhos constantes da amostra selecionada. As informações foram ordenadas por modalidade de publicação (livros, artigos, teses e dissertações, relatórios de pesquisa etc.); distribuição da produção no tempo; distribuição geográfica da produção; e maior incidência de enquadramento nas 11 categorias de análise aplicadas à amostra.

3.1. Distribuição por tipo de publicação

No gráfico abaixo, pode-se observar que as organizações com atuação prática em alianças e parcerias entre organizações da sociedade civil e empresas respondem por 23% das 106 publicações que compõem o universo total catalogado. Isso porque elas são responsáveis pela autoria dos itens *publicações institucionais* (15%) e *publicações com resultados de simpósios e congressos* (8%).

Essa participação é ainda maior quando se leva em conta que uma parte expressiva de outras duas modalidades – *artigos*; *cadernos e periódicos* – também são editados por essas organizações.

Esses dados nos permitem afirmar que o tema mantém numerosas interfaces com a literatura pertinente ao chamado Terceiro Setor, campo em que estão inseridas essas instituições.

Ainda assim chama a atenção o percentual de *teses e dissertações* (15%) e de *relatórios de pesquisas* (13%), que somados demonstram relativo equilíbrio entre a expressão da prática e a produção do conhecimento sobre o tema no mundo acadêmico ou em organizações de pesquisa.

Tipo de publicação (106)

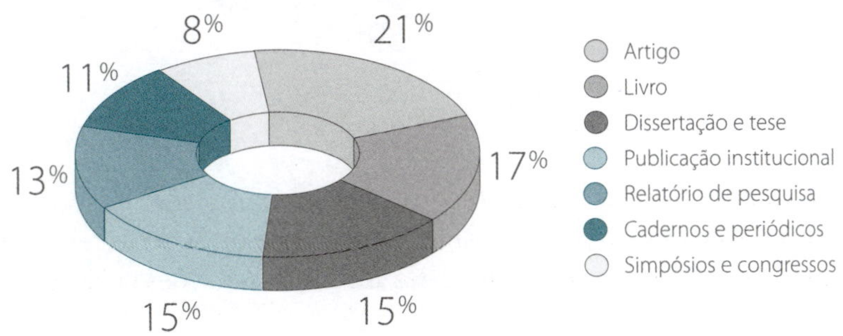

3.2. Distribuição da produção ao longo do tempo

A distribuição da edição de publicações ao longo dos últimos dez anos evidencia que o número de trabalhos apresenta produção irrelevante até o final dos anos 90, observa aumento significativo a partir de 2000 e sofre uma queda em 2003, delimitando o momento no qual o tema ganha importância na literatura.

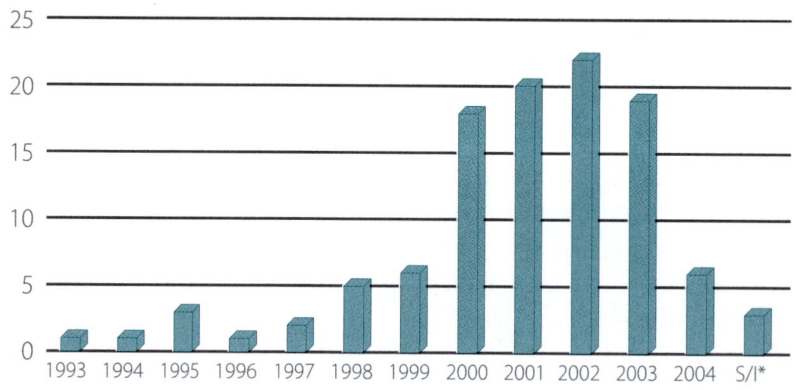

*Sem Informação

3.3. Distribuição geográfica da produção

O gráfico abaixo mostra que a produção está fortemente concentrada na região Sudeste (69%), que é seguida pela região Centro-Oeste (11%). A presença expressiva desta última deve-se principalmente ao Distrito Federal, onde está concentrada grande parte das publicações e pesquisas desenvolvidas pelo setor público.

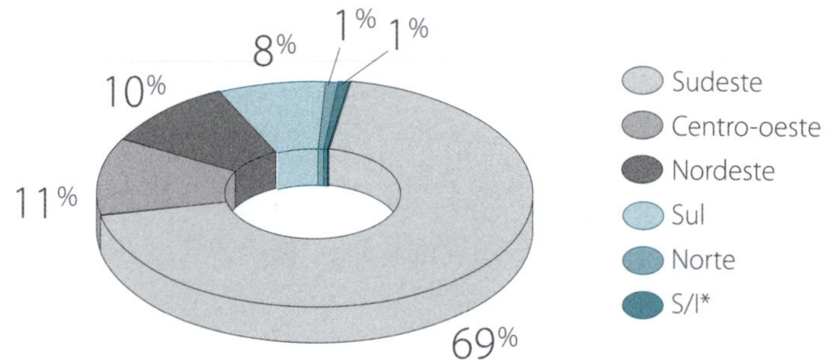

*Sem Informação

No gráfico a seguir, quando analisada a relação entre os tipos de publicação e as regiões, vemos que livros, cadernos e periódicos são predominantes na produção do Sudeste, relatórios de pesquisa e publicações institucionais no Centro-Oeste, teses e dissertações no Sul e artigos no Nordeste e Norte.

Vale notar que os principais centros de reflexão sobre o tema em São Paulo estão ligados à Academia (USP, FGV e PUC-SP) e organizações como Senac, GIFE, Instituto Ethos e Abong, que possuem reconhecida atuação prática e produção conceitual na área.

Tipo de publicação/região

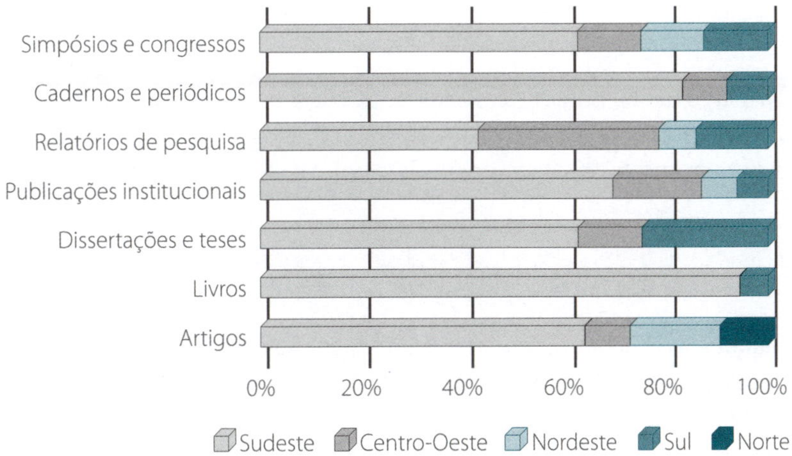

3.4. Distribuição por categoria de análise

Apesar da subjetividade da leitura e dos limites estreitos entre as categorias utilizadas, os itens *Conceitos, Diagnósticos, Processo de formação* e *Contexto sociopolítico* são os mais presentes na bibliografia quando efetuada a aplicação das 11 categorias de análise sobre a amostra de 69 publicações selecionadas.

Embora o recorte quantitativo tenha pouco significado analítico neste caso e considerando que as categorias *Características* e *Valores* se mostraram muito próximas à categoria *Conceitos*, é possível afirmar pelos dados que os itens *Classificação* e *Avaliação* representam as maiores lacunas existentes na bibliografia brasileira sobre o tema alianças e parcerias entre OSC e empresas.

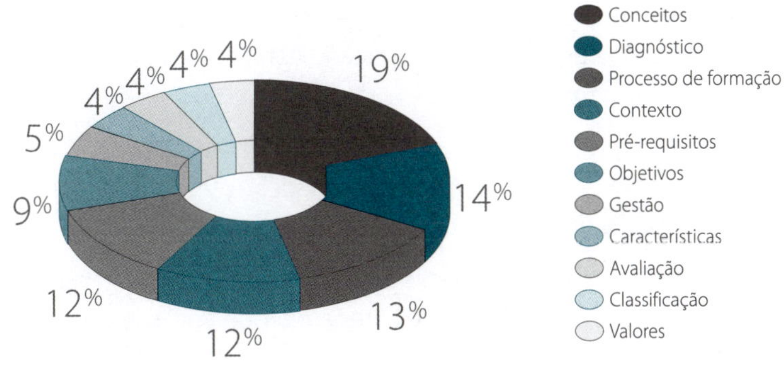

4. Principais ênfases encontradas na literatura

Realizado a partir da leitura das 69 publicações analisadas, o levantamento de conteúdos apresentado nos capítulos a seguir teve como objetivo destacar as principais abordagens e questões trazidas pelos autores, bem como identificar possíveis lacunas existentes na reflexão sobre o tema.

A sistematização das questões levantadas está dividida por categoria de análise e apresenta de forma sumariada as ênfases dadas pelos autores e observações resultantes da análise efetuada pelos pesquisadores.

É importante ressaltar que as citações utilizadas nos textos apenas exemplificam as análises contidas nos trabalhos e não correspondem à totalidade delas. Assim como também não houve preocupações com a ordem cronológica dos trabalhos, com a discriminação por tipo de publicação e tampouco foram confrontadas eventuais contradições ou similaridades entre as idéias expostas pelos diferentes autores.

4.1. Contexto – ambiente sociopolítico e econômico no qual as alianças e parcerias estão inseridas

Nesta categoria destacaram-se vinte publicações que fazem alguma referência às interfaces entre o contexto social, político e econômico e o estabelecimento de alianças e parcerias entre organizações da sociedade civil e empresas.

Os trabalhos analisados apontam para uma crescente importância das parcerias e alianças no atual cenário, marcado por mudanças e redefinições nos papéis do Estado, do mercado e da sociedade civil.

Mesmo sem se deter nas diferentes análises a propósito de razões e sentidos dessas mudanças, depreende-se da leitura dessas publicações que há um esgotamento das tradicionais formas de relacionamento entre esses atores, sobretudo do Estado como figura principal de interlocução e mediação.

A crescente complexidade dos problemas sociais e das crises deles decorrentes sugere inter-relações, novas lógicas e novas interlocuções, nas quais o poder econômico e tecnológico das empresas é um fator a ser destacado.

Vale ressaltar que as motivações para o estabelecimento de parcerias e alianças se situam neste novo campo de interlocuções, pois são capazes de agregar competências e valores na busca do desenvolvimento sustentável, da justiça social ou simplesmente da sobrevivência das organizações. Entretanto, essas mesmas motivações geram as principais dificuldades para a intervenção social conjunta de organizações da sociedade civil e empresas.

Entre elas sobressai o desafio de encontrar nestas novas relações o necessário equilíbrio entre, de um lado, organizações que detém capital financeiro e tecnológico e, de outro, parceiros que contam principalmente com legitimidade social.

4.1.1. Principais questões e ênfases dos autores

O papel das empresas é observado nas suas interfaces com o crescimento das parcerias e alianças com as OSC, especialmente a partir dos anos 90. Como base das reflexões, assumem centralidade temas como o surgimento de uma nova racionalidade econômica, a responsabilidade social corporativa e as ações sociais empresariais.

Aparece como pano de fundo do cenário econômico a abertura dos mercados no início dos anos 90 e a inserção das empresas brasileiras em um novo ambiente competitivo, a partir do aumento do fluxo de capital estrangeiro e da estabilização da moeda.

Outra questão que ganha relevância é o desenvolvimento de uma nova racionalidade econômica – na qual o mercado concentra os recursos, a tecnologia e o poder – e faz surgir, em contrapartida, o conceito de responsabilidade social empresarial sob diferentes óticas e o papel da empresa como investidora social.

Destaca-se o aumento da participação das empresas nas ações sociais, tanto como financiadoras quanto como mantenedoras de fundações e institutos por elas criados.

> As políticas públicas (de emprego, industrial, etc.) perdem importância. É o mercado o senhor absoluto desta nova racionalidade (Melo Neto, 2001:5). Os rigores e os efeitos socialmente perversos desta nova racionalidade econômica levam à descoberta de uma nova racionalidade social (Melo Neto, 2001:5).

> (...) surge o conceito da responsabilidade social empresarial ou corporativa, que é cunhado, no âmbito da teoria das organizações, como uma das funções organizacionais a serem administradas, no fluxo das relações e interações, que se estabelecem entre os sistemas empresariais específicos e o sistema social mais amplo (Fischer, 2002:75).

> Essa teoria (do Terceiro Setor) transfere a responsabilidade pela garantia da coesão social para as empresas e as entidades sem fins lucrativos, que, em aliança, teriam o papel de amenizar os efeitos socialmente perversos da lógica do mercado. Um de seus principais axiomas é a separação estanque entre Estado, Mercado e Sociedade Civil. E a responsabilização da sociedade civil pela questão social. Ao classificar a sociedade nestes três setores estanques, esta teoria suprime o espaço da política, da discussão da pólis, das relações entre Estado, Mercado e Sociedade Civil. Suprime a possibilidade da invenção democrática, de um novo pacto de regulação social (Bava, 2000:46-47).

> É neste contexto que a empresa emerge como "grande investidor social" e principal agente do desenvolvimento local e regional. O Estado e a sociedade devem ainda continuar em segundo plano. Tornam-se agentes secundários no processo de exercício da responsabilidade social e da cidadania coletiva (Melo Neto, 2001:8).

> Em meados dos anos 90, deu-se a entrada organizada do setor empresarial em programas e projetos sociais, especialmente através de suas fundações e institutos associados, representando a inserção da visão de mercado no terceiro setor e novas possibilidades de parcerias e de fontes de recursos para as instituições atuantes na área (Costa, Visconti, 2001: 9).

No que tange às alterações no papel do Estado, a ênfase recai sobre dois aspectos do cenário sócio-político: a ampliação da fronteira da relação público-privado diante de sua tradicional delimitação, o que possibilita o aumento da participação na arena social de outros setores além do Estado;

e a debilitação dos Estados nacionais com a conseqüente redução de seu papel como gestores dos serviços sociais e da sua capacidade de articulação da sociedade.

> A crescente mobilização de recursos privados para fins públicos representa uma ruptura profunda com a tradicional dicotomia entre público e privado, no qual o público era sinônimo de estatal e o privado de lucrativo. A participação dos cidadãos e o investimento das empresas em ações sociais configuram o surgimento de uma inédita esfera pública não estatal e de um terceiro setor – não lucrativo e não governamental, cujo fortalecimento contribui para redimensionar tanto o Estado quanto o Mercado. É neste contexto mais rico e complexo que, hoje em dia, se multiplicam as ações em parcerias, envolvendo diferentes atores públicos e privados: agências governamentais, empresas, fundações, ONGs, universidades, igrejas, clubes de serviços, instituições filantrópicas (Cardoso).

> A ação dos Estados nacionais se debilita, perde a capacidade de atuar como indutor do desenvolvimento, os comandos políticos ultrapassam as fronteiras nacionais. Neste cenário, a questão social é transferida para os governos locais e para as instituições da sociedade civil. E, como nem os governos locais nem a sociedade civil estão dotados de recursos e capacidades para fazer frente a este desafio, a tensão social e a violência crescem e passam a ameaçar a estabilidade política. (Bava, 2000:45).

O aumento da participação social e a multiplicação do número de organizações a partir dos anos 80 e 90 constituem a ênfase das análises no tocante às alterações sofridas no papel das organizações da sociedade civil brasileiras. É ainda ressaltado o surgimento de instituições intermediárias - articuladoras entre os setores. Alguns autores afirmam ainda que as novas formas de articulação representam uma nova governança.

> "Nos anos 70, [a sociedade civil brasileira] era reativa, desempenhava um papel de resistência à ditadura militar. Já nos anos 80, as organizações emergiram à luz do dia e trabalhavam, em sua maioria, assessorando movimentos populares e sindicais", lembrou Augusto de Franco. Segundo o coordenador da Agência de Educação para o Desenvolvimento (AED), foi também nesta década que surgiu a expressão 'sociedade civil organizada' e que as pessoas começaram a se reunir, voluntariamente, para procurar soluções para os problemas sociais brasileiros. "Mas foi nos anos 90 que a sociedade civil passou de uma postura reativa para uma pró-ativa e começou a fazer parcerias com o governo e empresas", disse Franco (Wittmann, 2003).

> Nos anos 80 e 90, as organizações da sociedade se multiplicaram, havendo um "boom" de associações civis, aliando o momento político brasileiro de redemocratização e incentivo à cidadania à emergência dessas organizações, em várias partes do mundo (Schommer,2000:145).

> Isto rompe completamente com a nossa visão tradicional de que a governança planetária se constrói através de governos e acordos diplomáticos. Hoje qualquer universidade, empresa, hospital, ONG ou associação comunitária cria articulações diversificadas, que não obedecem em geral a nenhum plano pré-estabelecido, mas que resulta do fato que complementaridades e sinergias podem ser encontradas nas mais diversas formas... (Dowbor, 2002:49).

Ainda no âmbito da análise dos contextos social, político e econômico nos quais se desenvolvem as parcerias e alianças, também é abordada a relação de coexistência entre "estruturas econômicas relativamente avançadas, combinadas com políticas sociais e sistemas políticos profundamente atrasados" (Dowbor, 2002:15).

Observa-se a gravidade dos indicadores sociais e o aceleramento provocado pela tecnologia como fatores impulsionadores de novas formas de atuação social. A ênfase recai sobre a ampliação e o aprofundamento da exclusão social e a impossibilidade de se chegar de forma isolada à resolução dessa questão, seja por parte dos órgãos governamentais, seja das organizações da sociedade civil.

Nesse cenário, as alianças e parcerias revelam a importância da renegociação do pacto social, referendam a atual complexidade da sociedade e evidenciam as crises econômicas e políticas contemporâneas. Para alguns autores, sua importância aumenta na medida em que os problemas sociais se tornam mais complexos.

> O cenário atual evidencia a transição da tradicional dicotomia público-privado para a configuração de um espaço público, em que os papéis dos agentes sociais e do desenvolvimento se interpenetram e se condicionam mutuamente. O que está em pauta é exatamente a renegociação do pacto social que definirá os papéis que cada agente desempenhará nos próximos anos (Schommer, Fischer, 2001:87).

> De fato, depois das crises políticas que se sucederam em vários países nos anos 90 em decorrência da imposição do modelo neoliberal, a questão da estabilidade política dos regimes e governos ganha mais importância, abrindo campo para a elaboração de novos discursos como o do combate à pobreza, o da *good governance*, o do fortalecimento institucional de governos e instituições da sociedade civil; e, nas palavras do Banco [Mundial], da promoção de parcerias e coalizões baseadas na cooperação de todos: Nações Unidas, governos, entidades multilaterais, setor privado e sociedade civil (Bava, 2002:2).

Assim, a necessidade de alianças e parcerias aparece entre outras razões, como:

- solução política em busca da reversão da exclusão social;

  > Uma ampla mobilização nacional voltada para a reversão da miséria e a inclusão social exige uma solução política: um entendimento estratégico entre parcela significativa dos principais atores das 'esferas' do Estado, do Mercado e da Sociedade Civil sobre a importância que deve ser dada à questão social e sobre as prioridades e medidas capazes de traduzir em ação concreta tal focalização (Cardoso, 2002: 11).

- busca de soluções sustentáveis para problemas do desenvolvimento social;

  > A proposta de colaboração entre as organizações da sociedade civil e as organizações do mercado não é nova. Há cerca de uma década, entretanto, emergiu como uma das mais fortes estratégias para o desenvolvimento social sustentado (Fischer, 2002:29).

  > São as dimensões da desorganização social que permitem que se faça um gigantesco desperdício de recursos... quando temos o dinheiro, as tecnologias e as capacidades organizacionais de prevenir os dramas (Dowbor, 2002:11-12).

- redefinição de responsabilidades em busca de uma sociedade menos desigual.

  > A riqueza e o desenvolvimento gerados em várias áreas e, ao mesmo tempo, a incapacidade de distribuir esses resultados de forma minimamente justa, levam ao questionamento do sentido ou significado da riqueza e do desenvolvimento, bem como as responsabilidades de cada agente na construção de uma sociedade menos desigual, tanto entre países quanto dentro de cada país (Schommer, Fischer, 2001:87).

Alguns trabalhos valorizam ainda o espaço local como ambiente de confluências de diferentes setores e, portanto, mais favorável ao florescimento de parcerias e alianças.

> No âmbito local, as relações entre agentes ordinários do Estado, do mercado ou da sociedade civil potencializam as virtudes da atuação em rede, em interdependência. E essas relações acontecem dentro de um movimento de valorização do local como espaço de confluência de poderes globais e locais e como espaço de (re)configuração de organizações e (re)construção institucional para o desenvolvimento integrado (Schommer, Fischer, 2001:88).

4.2. Diagnóstico – como andam as parcerias e alianças no Brasil

Do conjunto da amostra, 23 publicações abordam esta categoria, com realce para seis trabalhos que apresentam resultados de pesquisas realizadas sobre o tema.

Apesar disso, chama a atenção que, embora o assunto esteja inserido na literatura, ainda é baixo o número de pesquisas diagnósticas sobre a prática concreta, formas de atuação e resultados das parcerias e alianças.

Além disso, depreende-se da leitura que grande parte dessas pesquisas está centrada na perspectiva da empresa em estabelecer ações conjuntas com organizações da sociedade civil ou colocam o tema de forma genérica, inserido numa ampla tendência de articulações cada vez mais complexas.

Há pouca ênfase na perspectiva das organizações da sociedade civil, sobre suas motivações, dificuldades e desafios no relacionamento com as empresas.

Essa orientação, perceptível na forma como o tema é abordado, ganha importância na medida em que nem sempre a atribuição de significados é coincidente entre organizações tão diversas entre si e mesmo no seu próprio universo. Assim, a ação de "desenvolver uma ação social em parceria", considerada uma tendência crescente nas empresas, não necessariamente pode estar sendo compreendida dessa maneira entre as organizações da sociedade civil.

Às dificuldades pertinentes à delimitação do objeto de estudo – a compreensão do que venha a ser uma ação em aliança ou parceria para empresas e organizações da sociedade civil – somam-se aquelas que dizem respeito ao próprio campo de estudo "organizações da sociedade civil", entre elas a pluralidade de atores incluídos nessa categoria, diversidade de culturas e número de organizações. Neste sentido, as relações entre as organizações da sociedade civil e entre estas e as empresas compõem um campo enorme de possibilidades, tornando bastante complexa a tarefa de mapear e analisar suas tendências.

4.2.1. Principais questões e ênfases dos autores

As seis pesquisas que se enquadram nessa categoria identificam a tendência existente entre as empresas em desenvolver alianças e parcerias com organizações da sociedade civil. Apresentamos a seguir os principais dados observados por seus autores.

- Alianças Estratégicas Intersetoriais para Atuação Social – pesquisa desenvolvida entre 2001 e 2002 pelo Centro de Empreendedorismo Social e Administração do Terceiro Setor (CEATS) da Fundação Instituto de Administração (FIA) da Universidade de São Paulo. Segundo o estudo, a existência de projetos em parceria foi verificada em 85% das empresas participantes. Em 80,2% desses casos as alianças contam com a participação de organizações do Terceiro Setor, em 55,5% são estabelecidas também com órgãos governamentais e em 47,3% das vezes há a participação de outras empresas. Em relação às formas de atuação social das empresas pesquisadas, os resultados são os seguintes: somente com alianças (15%); preponderantemente com alianças (37%); somente pela empresa (15%); preponderantemente sem alianças (33%) (Fischer, 2002 e 2003).
- Inventário da Produção Brasileira sobre o Terceiro Setor – realizado em 2001 pelo CEATS, este trabalho mostra que o tema *Alianças Estratégicas Intersetoriais* começa a surgir a partir de 1997 em pesquisas e publicações - 9% das publicações identificadas pela pesquisa se referem ao tema (Fischer, Mendonça, 2002).

- Construindo Alianças – também realizado pelo CEATS em 1999, este estudo consistiu em trabalho de mapeamento e análise de casos de parcerias entre empresas e entidades do Terceiro Setor e aponta a mesma tendência (Fischer).
- A iniciativa privada e o espírito público – realizada pelo Instituto de Pesquisa Econômica Aplicada – IPEA, órgão vinculado ao Ministério do Planejamento, Orçamento e Gestão, esta pesquisa sobre a ação social das empresas no Brasil aponta que predomina a doação de recursos para organizações comunitárias (48%). Os outros itens que mereceram destaque foram: doação de recursos diretamente para pessoas ou comunidades carentes (44%); execução direta da ação social (32%); repasse de recursos para fundos públicos (15%); realização de projetos em parceria com outras empresas privadas (5%); em parceria com organizações comunitárias (4%); criação de uma entidade criada pela empresa (1%); e outros (1%) (Peliano, 2000: 47).
- Responsabilidade social empresarial – realizada pela Federação das Indústrias do Estado de São Paulo – FIESP em 2003, essa pesquisa mostra que é significativo o número de indústrias paulistas que desenvolvem ações sociais em parceria com outras organizações (38,8%) (Louette, 2003).
- Responsabilidade Social no Vale dos Sinos (2000); e Responsabilidade Social Empresarial no Estado do Rio Grande do Sul (2003) – ambas realizadas pela Fundação Semear, esses estudos salientam a existência de parcerias no Estado do Rio Grande do Sul. Uma terça parte das empresas busca estabelecer parceria em algum momento de fazer o investimento social em sua comunidade (34,2% das citações). Essas parcerias são realizadas principalmente com organizações sociais e assistenciais (18,7%), com outras empresas (11,7%) ou com fundações e institutos com atuação específica na área social (10,9%) (Semear, 2000:41).

Nas publicações, há a constatação de que este é um campo aberto para estudos, com muitos elementos novos a se conhecer. Alguns pesquisadores apontam a tendência crescente das empresas, do terceiro setor e das ONGs – organizações não-governamentais em direção ao desenvolvimento de alianças e parcerias e da cultura da parceria em geral, incluindo o setor governamental.

> De acordo com o estudo do Banco Mundial, a mais nova tendência de atuação no terceiro setor é a disseminação da estratégia de parceria envolvendo empresa, governo, ONGs e sociedade civil (Melo Neto, Froes, 1999:24).

> É significativo que a última cúpula mundial, mais discreta do que a citada acima, organizada pela Unctad (Lyon-98), já trabalhava o tema das *parcerias para o desenvolvimento*, reunindo formalmente governos, empresas e organizações da sociedade civil, na busca de novas articulações (Dowbor, 2000:4).

> Sérgio Haddad, presidente da Associação Brasileira de Organizações Não-Governamentais (Abong), lista uma série de progressos nas relações entre financiadores e ONGs nos últimos anos: as fundações, por exemplo, reconheceram o *know-how* em trabalho social das ONGs e perceberam que é melhor fazer parcerias que montar e gerenciar seus próprios projetos. Por outro lado, as ONGs aprenderam que a experiência que vem do campo do capital é importante em diversas áreas, como captação de recursos, marketing e comunicação, planejamento estratégico (Gife, 2001: 55).

Observa-se na literatura que muitas empresas optam pela operação direta ou pelo estabelecimento de parcerias com organizações criadas por elas mesmas. O surgimento das chamadas organizações intermediárias entre os setores também é destacado.

> Ao contrário das doações feitas a ONGs e organizações comunitárias como nos Estados Unidos, as empresas brasileiras tendem a operar diretamente suas iniciativas filantrópicas, o que limita sua contribuição para o fortalecimento da capacidade operacional das organizações da sociedade civil enquanto executoras de programas sociais. Neste particular, Evelyn Ioschpe chama atenção para o fato de que nada menos do que 75% dos membros do GIFE são não só repassadores como também captadores de recursos (Cardoso).
>
> Como resposta talvez à necessidade observada e à tendência para trabalhos de parceria, estão surgindo alguns tipos distintos de novos agentes sociais que compartilham algumas características, inclusive operando com mecanismos de ponte. Essas organizações são extremamente necessárias para ajudar a medir as enormes diferenças existentes entre setores e ideologias no que concerne a fontes de recursos, níveis de poder e abordagens de problemas (Dulany, 1997:67).

No que diz respeito às dificuldades e aos desafios vividos na prática de alianças e parcerias, as pesquisas existentes apontam, principalmente, para as questões de natureza política, ideológica e de pressupostos.

> Os movimentos e as ONGs sabem que, ao participar de parcerias estão fazendo "apostas de risco", cujos resultados são ambíguos. São acusados de "virar reformistas", de incorporar a terminologia neoliberal, o conceito de Estado mínimo, a idéia de que o Estado está falido e de que movimentos, Igrejas, ONGs, devem substituí-lo, realizando tarefas que não são sua "obrigação" (Carvalho, 1998: 15).
>
> A aproximação recente entre distintas entidades sem fins lucrativos para a realização de projetos conjuntos enfrenta um duplo desafio: a construção de relações democráticas e horizontais entre estas instituições e a definição do que estas entidades entendem por interesse público (Bava, 2000:59).
>
> Muitas vezes os problemas sociais, suas causas e possíveis soluções são concebidos a partir de pressupostos diferentes, ainda que possam compartilhar propostas de ação. A identificação desses aspectos é de grande valia para aprimorar o relacionamento entre os componentes de alianças já existentes e para o desenvolvimento de novas alianças (Bose, 2003:17).

Os trabalhos sugerem também outros obstáculos a serem enfrentados, entre eles destacam-se:

- A necessidade de superação de preconceitos e rejeições entre empresas e organizações da sociedade civil

  > (...) mútua rejeição entre empresas e ONGs, por motivos ideológicos e por diferenças de visão de mundo, os quais acarretam apenas ignorância sobre as potencialidades e intenções de cada um; o temor das empresas de ficarem permanentemente comprometidas com uma determinada entidade; o temor das organizações da sociedade civil de se tornarem dependentes da empresa-parceira e esta "invadir" a organização impondo modificações na forma de atuar; e a rejeição que ambas – empresas e ONGs – devotam ao Estado, considerando os órgãos públicos incompetentes e inapetentes à realização de parcerias de sucesso (Fischer, 2002: 55).

- A presença ou ausência de simetria nas relações de poder

  > Mas é preciso ressaltar que essa parceria, com freqüência, se estabelece de maneira extremamente desigual, em prejuízo das organizações da sociedade civil: por deter os recursos, empresas e fundações empresariais freqüentemente ditam os termos da relação (Fischer, 2002:60).
  >
  > Nesta dinâmica, na maior parte das vezes, as organizações parceiras são selecionadas pelas empresas, indicando que, embora as organizações da sociedade civil tenham necessidade de captar recursos, são as empresas que lideram o processo de busca de um parceiro potencial. Pode-se questionar aqui se

as organizações da sociedade civil não deveriam ser mais pró-ativas em busca de novos parceiros; ou se as empresas tendem a ser pouco receptivas às organizações que as procuram e preferem estabelecer parcerias com aquelas que elegem conforme seus próprios critérios (Fischer, 2003).

- As diferenças nas culturas organizacionais

  Assim, para a constituição de parcerias são colocados crescentes desafios não apenas aos setores público e privado, mas também ao setor sem fins lucrativos. Estes se traduzem, dentre outros, por redefinições de funções tradicionais, novos formatos de organização interna, adequação de conformações jurídicas, melhorias na capacitação de recursos humanos e na gestão institucional, em busca de eficiência e eficácia, transparência, avaliação e qualidade de resultados e reconhecimento e legitimidade junto à sociedade (Costa, Visconti, 2001:27).

  As organizações da sociedade civil têm encontrado nessas experiências de parceria condições propícias ao seu desenvolvimento e consolidação de suas atividades. Estas "mudanças de crescimento" não acontecem sem dor. Muitas entidades reclamam do excesso de profissionalismo, dos "padrões de mercado", impostos pela parceria em sua forma de atuar; às vezes desvirtuando os métodos domésticos com os quais conseguiam realizar bons resultados (Fischer, 2002:24).

- A definição das expectativas, dos papéis e das responsabilidades

  A dificuldade reside na definição prévia e clara de papéis e responsabilidades. Esta dinâmica resulta em alianças cujos papéis desempenhados muitas vezes são definidos de acordo com as necessidades do momento, fortemente pautados nos valores e crenças de cada parceiro. Neste contexto, não é raro se verificar que as empresas privadas realizam papéis de provimento de recursos e as organizações parceiras, de execução de atividades (Bose, 2003:14).

  (...) o planejamento e análise da viabilidade da colaboração poucas vezes ocorrem no início do relacionamento. Nem mesmo as expectativas e capacidades de cada organização são estabelecidas claramente. Isto não significa que os parceiros desconheçam os objetivos e a finalidade da aliança, ao contrário, é isto que os move. A dificuldade reside na definição de papéis prévia e claramente (Fischer, 2003).

Na grande maioria dos casos percebe-se a ausência de processo e de ferramentas de planejamento, acompanhamento e avaliação das ações e de seus resultados, elementos considerados geradores de dificuldades.

> A utilização de procedimentos e ferramentas para acompanhamento e avaliação da aliança é um desafio que, embora aparente estar sendo superado pelas empresas pesquisadas, não é de fácil solução. Na verdade ainda inexistem ferramentas adequadas para este novo tipo de gestão, que se difere daquelas próprias de um negócio comercial (Bose, 2003:28).
>
> É possível perceber, a partir das entrevistas realizadas na pesquisa Alianças Estratégicas Intersetoriais para Atuação Social, as dificuldades que as organizações aliadas enfrentam em relação aos aspectos de avaliação e monitoramento. Embora algumas vezes a atuação social esteja contemplada no planejamento estratégico da empresa, e a apresentação de resultados seja condicionante para a obtenção de recursos, a coleta e a mensuração de dados são feitas de forma pouco estruturada (Fischer, 2003).

Segundo reflexões presentes em algumas publicações, o tema está incorporado nos discursos de todos, embora faltem mais investigações sobre a prática, seus efeitos, riscos e reais propósitos.

> Temas como o do Terceiro Setor, as empresas com responsabilidade social, as alianças e parcerias, se introduziram e enraizaram-se no discurso de muitos que antes se reconheciam por outras identidades.

> Conceitos como os de desenvolvimento local, participação cidadã, inclusão social, empoderamento da sociedade civil, foram sendo criados ou resignificados, ganhando contornos mais compatíveis com a matriz discursiva de governos e empresas que deles se apropriam e com eles se apresentam como atores cada vez mais comprometidos com a solução dos problemas sociais (Bava, 2002: 2).

E, ainda, na abordagem de novas formas de articulação, a tendência em direção às redes é também salientada por uma parcela dos autores.

> O universo das parcerias está se deslocando. As organizações internacionais sofrem um deslocamento de representatividade; os governos nacionais, parceiros mais tradicionais, perdem grande parte da sua capacidade de execução e procuram eles mesmos parceiros mais flexíveis na sociedade; as empresas buscam novas formas de se legitimarem socialmente; surgem com força as inúmeras e diversificadas organizações da sociedade civil. Frente a estas novas dinâmicas, já não se coloca no centro a visão de acordos que se firmam com organizações estáveis: cada vez mais é preciso encontrar formas inovadoras e flexíveis de articulação com um universo extremamente diversificado de iniciativas fragmentadas (Dowbor, 2002:106).

4.3. Conceitos – significados e distinções entre alianças e parcerias

Embora a maioria dos trabalhos não tenha o objetivo específico de distinguir conceitualmente os termos aliança e parceria, 30 publicações abordam a maneira como essas expressões estão sendo definidas na literatura brasileira pertinente ao tema.

Observa-se uma razoável diversidade de conceitos e definições para aliança e parceria nas publicações selecionadas. Isso reflete a variedade de situações existentes na prática concreta, bem como as dificuldades próprias da análise de realidades complexas e ainda pouco estudadas. Precisamente esse é o caso da intervenção social conjunta entre organizações da sociedade civil e empresas no Brasil, na qual convivem geralmente sob a mesma designação tanto instituições quanto interesses diversos, configurando-se ainda como um fenômeno novo e bastante difuso.

Foi possível detectar algumas tendências presentes nos trabalhos. Mais uma vez, não se evidencia a perspectiva das organizações da sociedade civil e são perceptíveis as conexões de algumas definições com as práticas empresariais.

Parcerias e alianças aparecem compreendidas como:

1) modalidades da ação social empresarial;
2) como estratégias intersetoriais para o desenvolvimento social; e
3) como processo de construção de uma nova arquitetura social.

É possível afirmar ainda que a maior contribuição para a construção de conceitos e definições que de fato reflitam a diversidade e a complexidade da prática de alianças e parcerias no Brasil virá de estudos mais profundos sobre as ações concretas.

4.3.1. Principais questões e ênfases dos autores

4.3.1.1 – A diversidade dos conceitos e das dimensões da análise

Percebe-se nas publicações de maneira geral uma enorme diversidade de significados atribuídos às expressões parceria e aliança, sobretudo no que se refere à dimensão da análise.

> O uso cada vez mais freqüente da noção de parcerias para designar situações tão diversas – que vão desde uma relação de cooperação para a realização de um projeto até o mero aporte de

recursos – tem levado a um esvaziamento do sentido da mesma. Quando uma mesma noção é empregada para designar coisas muito distintas perde-se o senso comum sobre o seu significado e chega-se à situação de "vazio semântico", em que as palavras perdem seu poder de significar alguma coisa. No caso da noção de parcerias, a diluição do significado alcançou tal ponto que é possível encontrar organizações que chamam seus fornecedores e funcionários de "parceiros" (Adulis, 2002).

O caráter ainda difuso dessa nova realidade social torna difícil a definição de um conceito ou modelo único que reflita a realidade brasileira da inserção empresarial no espaço público. Trata-se de um processo em curso de repensar valores, objetivos e papéis, de aprendizado conjunto, tanto das empresas quanto dos demais agentes envolvidos na definição dos rumos do desenvolvimento, seja no âmbito mundial ou local (Schommer, Fischer, 2001:98).

As compreensões se alternam desde entendê-las como simples modelos de investimento empresarial na área social – variações nas modalidades da ação social das empresas – ou como modelos de cooperação interorganizacional e intersetorial estratégicos para a transformação da sociedade. Assim, parcerias e alianças são definidas na literatura como:

- modelo de investimento e de ação social empresarial;

  As ações sociais, principal característica do setor, compreendem modalidades diversas, como por exemplo: - doações de pessoas físicas e jurídicas; - investimentos em programas e projetos sociais; - financiamento de campanhas sociais; - parcerias com governo, empresas privadas, comunidade e entidades sem fins lucrativos; e – participação em trabalhos voluntários (Melo Neto, Froes 1999:18-19).

  Opção C – Ações sociais por meio de parcerias com outras organizações. Nesta opção, a empresa não opera diretamente as ações sociais , e também não mantém sob seu controle uma organização externa para lidar com ações sociais. As iniciativas da empresa neste caso são *"spot"*, ou seja , dão-se por meio de doações, contratos de parceria ou outras formas indiretas de atuação social (Pinheiro Machado, 2002:104).

- instrumento para a sociedade sustentável, como modelos eficazes de atuação e reorganização social.

  O conceito de Alianças Estratégicas Intersetoriais, neste estudo, refere-se a todas as formas de colaboração ou trabalho conjunto que as empresas, ou suas fundações e institutos mantêm com organizações da sociedade civil e de governo para realizar práticas de atuação social. Com esta forma de cooperação intersetorial não se pretende substituir o papel do Estado em suas responsabilidades de elaborar políticas sociais, tampouco, atribuir às organizações da sociedade civil os papéis de operadoras dos serviços públicos. A premissa é que as alianças podem constituir-se em um modelo eficaz de atuação social. Na medida em que promovem sinergia entre as competências essenciais das organizações, as alianças criam espaços de fortalecimento da cidadania (Fischer, 2003).

  Percebe-se a tendência convergente de uma sociedade que trabalha em conjunto. Parcerias, alianças estratégicas, intersetorialidade, cooperativas e redes de empresas denominam a identidade do coletivo das atividades de diferentes setores. Independentemente da forma como se organizam, observamos estruturas sociais emergindo em torno do bem coletivo. Este comportamento conexo entre os agentes de transformação da sociedade faz vislumbrar a possibilidade de um movimento social em conjunto organizado e eficiente (Ekuni, 2002:44).

São definidas também pelo tipo de investimento e/ou forma estratégica da relação entre estruturas ou organizações diferentes, que possuem competências que podem ser compartilhadas a partir de interesses e objetivos comuns ou externos a cada um dos envolvidos.

Pondera-se ainda que as parcerias e alianças pressupõem a construção de uma nova racionalidade nas relações, a partir da busca da comunicação, da articulação de interesses e da aprendizagem entre os parceiros.

Nesse sentido, as parcerias e alianças podem indicar:

- interesses comuns;

  > Apesar de as relações designadas de parceria remeterem a uma grande variedade de situações e envolverem um amplo leque de segmentos sociais, existe um ponto em comum: a interação entre dois ou mais agentes em torno de uma mesma motivação. Trata-se, portanto, de uma ação instrumental baseada na racionalidade dos interesses dos agentes (Sampaio, 2000:67 in Cardoso).

  > Entendida de forma geral como a reunião de indivíduos para o atingimento de certo fim de interesse comum, a parceria aqui estudada diz respeito à união de esforços das organizações do segundo e terceiro setores para promoverem ações eficientes e eficazes que viabilizem a melhoria de vida da sociedade, em especial dos socialmente excluídos, mediante uma relação de troca em que ambas as partes se beneficiem e se desenvolvam, atingindo assim os seus objetivos institucionais (Lima, 2003:125 In Ethos).

- idéias, objetivos e projetos compartilhados;

  > A união destas articulações para o bem público pode ser chamada de parcerias para atuação conjunta de um ou mais agentes financiadores, instâncias governamentais ou outras organizações que se unem em torno de projetos, movimentos ou idéias (Ekuni, 2002:41).

  > No entanto, a parceria vai além da troca e da satisfação de interesses mútuos. Há, é claro, uma dimensão de complementaridade, isto é, buscar no outro recursos e capacidades de que não se dispõe, mas que são necessários para atingir seus propósitos. Todavia, a diferença reside no fato de que essa troca ou complementaridade tem como motivação o cumprimento de objetivos compartilhados e externos a cada uma (Tachizawa, 2002:158).

- a busca de uma nova racionalidade, que pressupõe entendimento, consenso, comunicação, articulação de interesses e qualidade na relação;

  > No entanto, a idéia de parceria tem um caráter mais inovador do que esse uso comum que lhe é dado – pressupõe a comunicação prévia entre os sujeitos e a compreensão ampla por parte deles não só dos objetivos da ação, mas de sua própria arquitetura. A introdução desses elementos na idéia de parceria implica não apenas uma motivação baseada nos interesses dos agentes mas uma racionalidade voltada para o entendimento, para a construção do consenso, na definição de um problema e no encaminhamento da ação. Amplia-se assim, a própria noção de racionalidade, restrita, em um primeiro momento, à ação instrumental ou à estratégia que persegue benefícios por meio de uma realização consorciada. A idéia de um entendimento mútuo, apoiada em uma ação comunicativa constitui um dos aspectos mais inovadores do ato de parceria (Sampaio, 2000:67-68 in Cardoso).

- aprendizagem mútua e democrática.

  > O exercício da parceria é um aprendizado democrático em que a riqueza das contribuições de cada instituição está justamente no aporte diferenciado que cada parceiro pode trazer para o projeto conjunto. Neste sentido, o aprendizado democrático vai além de reconhecer que as instituições associadas são diferentes; ele requer o reconhecimento por parte de todos de que justamente porque são diferentes é que se potencializam mutuamente; ele requer respeito à multiculturalidade, à autonomia e independência da cada um de seus integrantes (Bava, 2000:60).

Nessa perspectiva mais ampla, encontramos entre os principais propósitos que levam à articulação entre diferentes organizações a sua capacidade potencial na solução de problemas complexos, a possibilidade de constituírem-se em alternativas aos problemas sociais e o fortalecimento da sociedade civil para a sua superação.

> Termos como colaboração, cooperação (os termos cooperação e colaboração são considerados sinônimos neste trabalho), parcerias, alianças estratégicas e *joint ventures* têm tornado-se cada vez mais comuns nos dias atuais. O tema não é novidade, mas essas relações têm sido vistas mais como formas potenciais de solução de problemas . Acredita-se que a única alternativa para problemas tão complexos como os que nos coloca a atualidade é a cooperação entre organizações com competências complementares (Schommer,2000:96).

Quando a ênfase está localizada diretamente no aspecto do benefício mútuo e na soma de recursos entre organizações, os principais propósitos dizem respeito à viabilização de recursos (financeiros, políticos, técnicos e humanos) e às competências específicas que presumivelmente podem ser trocadas (metas, avaliação e motivação).

> A primeira constatação importante é que não detemos todos os recursos, sejam financeiros, políticos, técnicos ou humanos. Os projetos e planos são viabilizados quando entramos em contato com os outros – os parceiros – e juntamos nossas possibilidades, no grande desafio de mapear os recursos ociosos (Grajew In Cenpec, Ethos, 1999:8).

> (...) integrando empresas e entidades filantrópicas, as duas têm muito a ganhar. As organizações sem fins lucrativos são pioneiras, elaborando as políticas e práticas que as empresas terão de aprender amanhã. De um lado, as corporações transmitem conceitos como avaliação de resultados, estabelecimento de metas, foco, parcerias estratégicas. De outro, as organizações sem fins lucrativos podem dar aula de motivação, trabalho em grupo e de como fazer mais com menos (Schommer, 2000:156).

4.3.1.2. Parcerias e alianças como conceitos distintos

Na maioria das publicações analisadas não foram encontradas distinções específicas entre os termos parcerias e alianças. Entretanto, em alguns trabalhos, essas expressões possuem explicitamente conceitos distintos, ainda que não necessariamente as definições expostas pelos autores combinem entre si. Foi possível encontrar também algumas distinções entre alianças e alianças estratégicas.

As variáveis mais utilizadas para distinguir uma aliança de uma parceria são: o tempo de duração; a necessidade ou não de complementaridade técnica, financeira ou operacional; o grau de identidade entre os parceiros; o compartilhamento ou não de crenças e valores; o modo pelo qual o planejamento, os objetivos e os papéis são definidos; e a dimensão da ação e do impacto do trabalho conjunto.

Embora as variáveis utilizadas sejam semelhantes, muitas vezes os termos parceria e aliança são conceituados de forma absolutamente invertida. Por exemplo, aliança definida como uma relação de longo prazo, com valores compartilhados, e parceria como uma forma de colaboração de curto prazo. Ou ao contrário, parceria como uma relação substantiva, construída no longo prazo e com valores compartilhados, e aliança como sendo uma relação movida por razões táticas, com foco específico e de curto prazo.

Em algumas análises é possível encontrar implícita uma visão de etapas: a parceria "ainda" não é uma aliança.

Assim, os dois termos aparecem nas publicações assim designados:

- parceria e/ou aliança estratégica é uma soma de esforços de curto e/ou longo prazo;

> Parceria está associada à idéia de ações mais pontuais, um projeto ou uma iniciativa conjunta. Ao pensarmos em ações conjuntas de longo prazo ou em uma associação permanente, independente de projeto específico, estamos buscando uma aliança estratégica (Noleto, 2000:12).
>
> Quando a associação se dá em apenas um projeto ou em uma ação eventual, a parceria adquire características distintas das que buscam atuação conjunta em longo prazo. É nesse ponto, quase sempre, que os conceitos de parceria e aliança estratégica diferem. Parceria está associada à idéia de ações mais pontuais, um projeto ou uma iniciativa conjunta. As ações de longo prazo ou uma associação permanente buscam uma aliança estratégica (Tachizawa, 2002:156).

- parceria e/ou aliança estratégica é uma intercomplementaridade de recursos e compartilhamento de crenças e valores;

> Uma aliança social estratégica distingue-se de uma parceria. A lógica da parceria é a da intercomplementaridade de recursos e capacidades entre as organizações parceiras. Já na aliança, organizações que poderiam atuar de forma independente diante de uma determinada questão decidem fazê-lo conjuntamente, motivadas pela consciência da magnitude e complexidade da ação a ser empreendida e, principalmente, pela constatação de que as associações aliadas compartilham crenças e valores, pontos de vista e interesses que as levam a ter um posicionamento estratégico comum diante de uma determinada realidade (Noleto, 2000:15).
>
> A parceria, geralmente, envolve uma relação de intercomplementaridade entre as organizações nela envolvidas, ou seja, cada uma das partes dispõe de algo de que a outra necessita, para a realização de um propósito que ambas compartilham (...). A aliança social estratégica ocorre quando duas ou mais organizações não partem da intercomplementaridade técnica, financeira ou operacional, mas da constatação de que existe diante delas uma situação-problema cuja magnitude e complexidade as ultrapassa e que, embora cada uma possa atuar isoladamente frente a esta situação, é mais produtivo e sensato fazê-lo de forma conjunta. Neste caso, o fundamento da atuação conjunta não reside no fato de uma dispor de condições e recursos que a outra não possui e vice-versa. O fundamento da aliança social estratégica está, na verdade, na comunhão de crenças, valores, pontos de vistas e interesses entre os aliados (Senna In Gife, 2001: 51).

- parceria e/ou aliança estratégica define-se pela dimensão da ação;

> (...) aliança estratégica é aquela em que a associação está voltada para a conquista de melhores posições e objetivos. Normalmente empregamos o termo alianças estratégicas ao nos referirmos às alianças comerciais e de negócios. O terceiro setor foi buscar no campo empresarial o conceito de aliança estratégica justamente pela percepção de que, em um mundo globalizado e competitivo, é preciso cada vez mais somar forças e evitar o paralelismo e a superposição de iniciativas. É necessário somar esforços para que possamos juntos construir novos desafios e atingir nossos objetivos (Noleto, 2000:14).
>
> Há dois tipos básicos de parcerias institucionais sendo aplicados pela UNESCO Brasil: as pontuais, que enfocam um evento específico – como publicação, seminário ou simpósio, evento público, produção de vídeo, debate na televisão etc. – e as alianças permanentes, que se desenvolvem em ações continuadas e norteadas pelos valores e metas estabelecidos nos principais documentos e marcos de referência da Organização (UNESCO, 2001: 38).

- parceria e/ou aliança estratégica define-se pela identidade convergente;

  Parceria não é sinônimo de identidade absoluta. Cada parceiro deve manter e preservar sua autonomia e zelar por sua missão. (...) No caso de alianças estratégicas ocorrerá de forma diferente, pois alianças acontecem geralmente entre organizações que possuem grande identidade entre si ou complementaridade (Noleto, 2000:30).

- parceria e/ou aliança estratégica define-se pelo planejamento conjunto;

  Colaboração – Concessão de apoio financeiro ou técnico, por parte de uma instituição, para viabilizar o desenvolvimento de projeto elaborado por outra. Neste tipo de atuação conjunta, a iniciativa, o planejamento e a execução da ação são geralmente unilaterais. As partes envolvidas não concretizam discussões estratégicas profundas, tampouco compartilham forças e competências.

  Parceria – Numa relação de parceria, o autor da idéia geradora da ação social busca suporte para o planejamento e desenvolvimento do projeto em outras instituições nas quais identifica similaridade de objetivos e possibilidade de compartilhar idéias. As partes interagem desde o início, estabelecendo uma relação de reciprocidade e de intercomplementaridade. A execução do projeto pode ser assumida por qualquer um dos parceiros ou até mesmo por um terceiro ator. A interação estende-se até a etapa de avaliação. A base da parceria é o uso racional de recursos e competências.

  Aliança – O compartilhamento de crenças e valores antecede o estabelecimento das alianças entre as instituições. As alianças são especialmente úteis quando se deseja enfrentar problemáticas sociais complexas e impossíveis de ser superadas sem uma união de forças. Em geral, os integrantes de uma aliança consomem mais tempo na etapa de planejamento da ação social do que o fazem nas parcerias, porque a própria idéia inicial – a que origina o projeto – é construída conjuntamente. Trata-se de um processo que exige maturidade entre as partes envolvidas, bem como comunicação intensa e eficiente para a definição de objetivos, estratégias, recursos, formas de execução, expectativas e política de avaliação dos resultados (Lins, N. in Gife, 2001:59).

- parceria e/ou aliança estratégica define-se pela dimensão do impacto.

  Uma ação é construída em parceria quando as partes envolvidas compartilham os conteúdos e as ações desenvolvidas, assumindo com responsabilidade por seus resultados. Algumas vezes é possível encontrar, tanto em setores governamentais quanto não-governamentais, tal noção de parceria aplicada a casos de aliança estratégica – onde duas ou mais organizações se unem, não necessariamente porque se complementam, mas para desenvolver uma ação de maior impacto; outras vezes, a denominação de "rede" é utilizada para referir-se a organizações que se aliam a partir de um problema ou causa comum; nos casos em que há nítida articulação horizontal entre os envolvidos, a rede configura uma forma de parceria (Setúbal, 2001:3).

Ou, ao contrário:

> Primeiro, parceria implica em ser parceiro, em ter co-responsabilidade. Segundo, é algo em longo prazo. E, terceiro, representa um comprometimento substantivo com a questão (Spink, 2001: 37).
>
> Tanto as alianças quanto as coalizões se referem ao processo de se agrupar, entrar no mesmo empreendimento para atingir um objetivo comum. Uma vez alcançado este objetivo, não há necessidade para a aliança (Spink, 2001: 40).
>
> Pense por um momento em alguém que tem um companheiro ou companheira, ou alguém que tem uma ligação de amizade de longa data; uma pessoa com a qual se pode contar, com a qual se pode compartilhar preocupações e alegrias, com a qual se vai fazer coisas juntos. Estas são parcerias – relações substantivas e construídas no longo prazo, na qual há valores compartilhados.

> Pense também em dois sócios de um negócio ou de um empreendimento. A não ser que eles fossem amigos e sempre quisessem ter aberto este empreendimento juntos, há uma grande probabilidade de eles estarem se associando por razões táticas, como juntar o dinheiro ou somar outros recursos e oportunidades. Pense também num grupo de partidos políticos que por razões específicas decidam apoiar o mesmo candidato na eleição. Nestes dois últimos casos estamos falando de alianças e coalizões; formas de colaboração com foco específico, no curto ou médio prazo, e com um objetivo comum (Spink, 2001:36).

4.4. Características – aspectos fundamentais das alianças e parcerias entre organizações da sociedade civil e empresas

Sete publicações levantam aspectos essenciais à caracterização de alianças e parcerias entre organizações da sociedade civil e empresas. Denota-se que a definição desses atributos está subordinada às diferentes maneiras de conceituá-las.

Entretanto, a partir da leitura dos trabalhos, pode-se afirmar que a maioria dos autores considera difícil sustentar que a intervenção social realizada conjuntamente por organizações da sociedade civil e empresas seja feita de forma paritária.

Assim, três questões principais são levantadas e abordadas pelos autores que tratam o tema de forma específica:

- Deve-se considerar a compatibilidade de valores, de missões e de identidades como condição para o estabelecimento de alianças e parcerias?

  > Uma aliança estratégica tem sempre um duplo ponto de partida. De um lado, a constatação da existência de um problema cuja magnitude e complexidade transcendem as forças de cada membro da aliança, se considerado per se. De outro, a certeza de que, apesar de todas as diferenças entre os aliados, existe entre eles uma convergência de crenças, valores, pontos de vistas e interesses, que os leva a um posicionamento comum e a uma atuação conjunta diante de uma determinada realidade (Noleto, 2000:15).

  > Por isso o pressuposto fundamental da parceria é o encontro de organizações autônomas, com identidades e posições claras. Mesmo tendo recursos e poderes distintos, elas devem-se reconhecer como iguais em determinado momento, além de conhecer e valorizar mutuamente a contribuição que cada uma pode dar. E devem adotar um comportamento com igual poder na relação, tanto para estabelecer os objetivos como para definir os recursos necessários, os papéis e as responsabilidades. Parceria é o oposto de subordinação (Tachizawa, 2002:158)

- Ou, ao contrário, é na explicitação da diferença e na definição de objetivos e de resultados externos aos parceiros que as alianças e parcerias encontram sua razão de ser?

  > (...) o que caracteriza essas novas alianças é sua natureza heterogênica, constituída por organizações de atuação diversa, ligadas a setores diferentes e por vezes mesmo antagônicos (Camarotti, Spink, 2000:9).

- A compatibilidade de valores é parte integrante da cooperação sustentável ?

  > Outro aspecto a ser ressaltado é o fato de que quanto mais central a aliança for para a missão e para a estratégia de cada parceiro, mais forte será a parceria, pois a compatibilidade de valores institucionais é parte integrante da cooperação sustentável. Os parceiros não precisam ter valores inteiramente congruentes, porém as diferenças precisam permanecer em limites aceitáveis; valores conflitantes serão barreiras à cooperação (Fischer, 2003).

4.4.1 – Principais questões e ênfases dos autores

Desconsiderando-se nuanças observadas em alguns aspectos, é possível inferir que são os seguintes os elementos constitutivos de alianças e parcerias presentes nas publicações analisadas: existência de objetivos, metas ou estratégias em comum; potencialidade de benefício mútuo e de ampliação de resultados; complementaridade ou similaridade de competências e conhecimento técnico; integração e comunicação aberta; transparência; responsabilidade compartilhada; equilíbrio na relação de poder, autonomia e identidade dos parceiros.

> (...) podemos identificar uma parceria quando reconhecemos três elementos distintos agregando diferentes instituições ou indivíduos: objetivo comum, adesão voluntária, responsabilidade partilhada (Camarotti, Spink 2000:94).

> Na parceria do terceiro setor com empresas privadas podem ser apontadas algumas características marcantes (Ioschpe et al., 1997): busca de relações de troca que favoreçam ambos os setores; objetivos institucionais diversos atingidos por estratégias comuns; predominância de um setor como executor das tarefas (terceiro setor) e do outro como canalizador de recursos, especialmente financeiros (empresas privadas); processo de parceria conflituoso em razão de os atores apresentarem-se com filosofias, racionalidades, ideologias, forças e poderes diferenciados; tendência de, na exigência da profissionalização do terceiro setor, mercantilizá-lo, tornando-o assim um instrumento de mercado; busca de atitude e ações que venham a promover transformações significativas no seio social; busca do fortalecimento institucional, traduzindo isso em confiabilidade perante a sociedade ou a comunidade onde estão inseridos os setores; soma de forças para exercer pressão nas instâncias governamentais de modo a beneficiar cada um desse atores em seus segmentos distintos (mercado e sociedade); o resultado das ações sociais tende a ser mais eficiente e rápido; estabelecimento de metas e objetivos, e definição de um modelo de gestão e avaliação de resultados da parceria (Lima, 2003:125).

> Características das alianças estratégicas:
> - Um compromisso de longo prazo.
> - Um elo baseado em participação e compartilhamento de capacidades, recursos, bens.
> - Uma relação recíproca com uma estratégica compartilhada como ponto comum.
> - Um detalhamento das ações conjuntas e dos projetos comuns.
> - Cada parceiro preserva sua identidade e autonomia. - A disposição de compartilhar e alavancar as possibilidades de cada parceiro envolvido (Noleto, 2000:18).

4.5. Pré-requisitos – competências essenciais e variáveis de sucesso de alianças e parcerias

A partir da pergunta *quais são os fatores que contribuem para existência, sustentabilidade e geração de resultados de alianças e parcerias,* procurou-se identificar o que os autores apontam como variáveis que contribuem para o sucesso das alianças e parcerias entre organizações da sociedade civil e empresas. Foram destacadas 19 publicações que tratam desse assunto.

4.5.1. Principais questões e ênfases dos autores

Algumas das variáveis indicadas são coincidentes com as características definidoras de alianças e parcerias (metas claras e comuns, responsabilidades definidas, credibilidade dos parceiros, poder semelhante) descritas no item anterior.

Outras coincidem com os principais desafios levantados pelas pesquisas (planejamento conjunto, diagnóstico, monitoramento e avaliação de resultados). Parte dos autores alia a essas variáveis alguns elementos de natureza intangível, tais como confiança, liderança, capacidade de articulação e negociação, respeito e solidariedade.

Além disso são consideradas competências organizacionais essenciais para o trabalho em conjunto: liderança, capacidade de articulação e negociação, geração de resultados, capacidade de identificar recursos, competência e conhecimento técnico.

> As alianças de sucesso são aquelas que podem ser identificadas pelos oito Is: "São oito Eus que criam bem-sucedidos Nós".
>
> Excelência Individual – todos os parceiros são fortes e têm algo de valor. Suas motivações são positivas (perseguir oportunidades), não negativas (mascarar fraquezas/fugir de situação difícil).
>
> Importância – o relacionamento preenche objetivos estratégicos críticos para todos.
>
> Interdependência – há uma complementaridade de ativos e habilidades de tal modo que nenhum dos parceiros pode conseguir sozinho aquilo que todos conseguem por meio da aliança.
>
> Investimento – obedecendo a acordos, os parceiros investem um no outro como forma de sinalizar o comprometimento de longo prazo.
>
> Informação – a comunicação é razoavelmente aberta. Os parceiros compartilham as informações necessárias ao funcionamento da aliança.
>
> Integração – os parceiros, ao mesmo tempo professores e aprendizes, desenvolvem não apenas formas compartilhadas de operação, mas também amplas ligações entre muitas pessoas e em muitos níveis.
>
> Institucionalização – a aliança é formalizada e apóia-se em uma complexa estrutura de apoio que cobre desde os vínculos legais até os sociais e permite o compartilhamento de valores.
>
> Integridade – os parceiros comportam-se de modo mutuamente honroso para justificar e aumentar a confiança mútua (Kanter In Rodrigues,1999:100).

Destacamos alguns itens que, somados a estes, compõem um leque de aspectos a serem considerados nas práticas de alianças e parcerias:

- necessidades, metas claras, comunicação, respeito, capacidade organizacional;

> Algumas características são identificadas por Nelson (1998) em parcerias intersetoriais bem-sucedidas: - metas claras e comuns baseadas no benefício mútuo; - um grupo de indivíduos ou uma organização que desempenhe papel de liderança intermediária entre os parceiros; - clara compreensão das diferentes funções e capacidades dos parceiros; - conhecimento técnico de procedimentos e processos de tomada de decisão, resolução de conflitos e avaliação; - comunicação aberta e transparente (Schommer, 2000:100).
>
> Quando empresas, ONGs e autoridades públicas estão iniciando ou ainda buscando manter parcerias intersetoriais, há certos requisitos fundamentais: - Percepção clara e comum da intenção, metas audaciosas e liderança forte para tornar o ideal realidade. – Capacidade de transmitir o ideal aos grupos de interessados.
> – Estratégia para efetivar o ideal comum. – Envolvimento genuíno e responsabilidade clara entre os parceiros.

– Capacidade organizacional para implementar as idéias e planos da parceria. – Tempo para desenvolver confiança mútua entre os parceiros, de modo que cada um diga com que pode contribuir na parceria, o que precisa levar e, mais importante, o que não concorda fazer. Se houver confiança suficiente, os parceiros que tiverem mais dificuldade poderão ser orientados por outros. – Capacidade empreendedora com conhecimento de captação de recursos de diversas fontes. – Paixão pela excelência e por aprimoramento contínuo (Grayson, Hodges 2002:271-272).

Durante este seminário, a pesquisadora Peggy Dulany, presidente do Instituto Synergos, destacou sete fatores importantes para o sucesso de parcerias intersetoriais:

- Pessoas e organizações só entram em parceria quando não podem solucionar os problemas sozinhos, caso contrário não despenderiam recursos e assumiriam riscos estabelecendo relações desta natureza.
- As diferentes partes envolvidas nas relações de parceria precisam ter níveis de poder relativamente iguais. Quando há grandes diferenças de poder, é comum que os mais "fracos" estabeleçam alianças com outros atores, com o objetivo de equilibrar as forças.
- Todos os participantes precisam estar envolvidos desde o início, sob o risco de que os ausentes descontinuem ou prejudiquem a parceria no futuro. Ainda que a participação possa significar mais tempo e custos investidos no processo, a longo prazo tende a trazer melhores resultados.
- Os diferentes grupos podem ter pressupostos e visões distintas sobre os fatos, empregando inclusive linguagens diferentes, o que pode levar à incompreensão ou mesmo inviabilizar um acordo. Em uma parceria, é fundamental que os participantes se esforcem ao máximo para compreender o pensamento e a linguagem dos demais.
- Um grupo que esteja com dificuldades para dialogar com outros grupos ou setores pode adotar a estratégia de estabelecer inicialmente alianças com lideranças menos resistentes, que em seguida podem facilitar o diálogo com os seus pares.
- Relações informais e anteriores à parceria podem ter um papel importante ao possibilitar o cruzamento de fronteiras sociais e a criação de cadeias de confiança que extrapolam as posições formais de cada um dos atores.
- Os mais afetados pelos problemas são as pessoas mais interessadas em solucioná-los, que deveriam, sempre, participar dos processos de discussão e das parcerias que se propõem a solucionar seus problemas (Adulis, 2002)

- credibilidade e confiança;

A construção de alianças começa com a construção e expansão de relacionamentos. Isto não significa que se duas organizações se conhecem há bastante tempo haverá a construção de uma aliança. É preciso que as suas ações se cruzem e principalmente é necessário que haja algo muito humano nesta relação: confiança (Pinheiro, 2003: 2).

A relação entre os parceiros deve ser sempre de cordialidade, credibilidade e confiança mútua. Ao se divulgar os resultados de um projeto social deve-se reconhecer também os méritos dos parceiros (Azevedo, 2004: 2).

A palavra que define o quarto item de sucesso é 'confiança'. A relação entre os parceiros deve evoluir sempre para a crença na sua capacidade de levar adiante o projeto em busca do melhor resultado possível, visando a transformação social. Sem isso, nada permanece de pé (AEC, 2004:3).

- articulação, negociação, geração de resultados e capacidade de identificar recursos;

  Assim, competência para atrair e articular parceiros e foco no equacionamento de problemas locais/regionais constituem estratégias extremamente férteis na consolidação dos princípios de sustentabilidade, que podem ser iniciadas como um flerte estrategicamente discreto e evoluir para uma união feliz, com muitos frutos e filhos (Carvalho, 2002).

  (...) o mais importante não é o poder econômico e o porte da empresa, mas sua capacidade de identificar recursos que pode disponibilizar. Conhecimentos técnicos, experiência em gestão, procedimentos de planejamento e organização, meios de divulgação são alguns dos recursos intangíveis abundantes nas organizações empresariais que podem ser oferecidos, a baixo custo, para promover e aperfeiçoar a atuação das organizações da sociedade civil. Também do lado das organizações do terceiro setor há que se consubstanciar uma competência para construir alianças (...) isso significa que, quando uma organização do terceiro setor visualiza a potencialidade de ampliação e consolidação de sua ação comunitária na parceria com as empresas da região, ela tem de se propor também a redefinir sua própria missão (Fischer, 2002:81-82).

- planejamento e avaliação em conjunto;

  Outra relevante consideração a ser feita é que, a união de interesses do capital e de interesses sociais em um projeto único, planejado e adequadamente organizado pode ser um processo frágil à medida que um inviabiliza o outro. As empresas não podem deixar de ter lucro para contribuir com o social. É preciso que os interesses de todos os envolvidos sejam satisfatoriamente alcançados (Ekuni, 2002:44).

  Esta carência na definição de indicadores decorre, em parte, da falta de planejamento de longo prazo. Raramente a definição explícita das estratégias, etapas, resultados esperados e o planejamento e análise detalhada da viabilidade da aliança ocorrem no momento do seu estabelecimento. Muitas vezes, nem mesmo as expectativas e os papéis de cada parceiro são prévia e claramente definidos. E mesmo existindo um forte comprometimento com a causa social, a pouca pró-atividade das organizações e a falta de sustentação interna da aliança podem minar o compromisso entre as organizações (Fischer, 2003).

- definição clara de papéis, expectativas e responsabilidades;

  Antes de sua empresa entrar em uma parceria, é bom analisar os papéis do setor público e da sociedade civil. O reconhecimento dos diferentes papéis e características desses setores é o primeiro passo para entender o potencial e a dinâmica das parcerias. Cada setor dá uma contribuição diferente para o desenvolvimento social e econômico (Grayson, Hodges, 2002:267).

  Esta situação é influenciada também pelas diferenças de linguagem e de cultura organizacional das organizações com e sem fins lucrativos e pelos canais e freqüência de comunicação interna à aliança. Para a consolidação de um relacionamento é essencial que exista o entendimento mútuo e a definição de papéis de cada organização. Mas, apesar de parecer um problema de fácil resolução, a falta de definição das responsabilidades ainda é uma causa de atritos entre as organizações, de acordo com a pesquisa (Fischer, 2003).

- mensuração de resultados e impactos da transformação social que se pretende atingir;

  A simples presença de alianças ou parcerias obviamente não é nenhuma garantia de continuidade, porque é necessário – antes de mais nada – que a atividade em si seja útil e eficaz; que gere resultados e impactos (Spink, 2001: 21).

> Para que se consiga um balanço positivo é preciso colocar o foco nos resultados e impactos esperados com a aliança. Dessa forma, será possível encarar os desafios da parceria como etapas de crescimento em direção à sinergia e vislumbrar os benefícios concretos para a sociedade (Bose, 2003:22).
>
> Deve ser estimulada a definição de indicadores de resultados simples, objetivos e essenciais, que possam ser igualmente compreendidos e utilizados pelas empresas, pelos parceiros e pelos beneficiários dos projetos (Louette: 2003).

- articulação com a população interessada.

> (...) a ruptura com a lógica da tutela requer que a comunidade assuma um papel de interlocução, de responsabilização e de participação na operacionalização das políticas sociais, numa perspectiva que fortaleça as relações entre a associação comunitária e o mercado (Camarotti, Spink, 2000:60).
>
> (...) uma coisa é ver o grau de articulação entre instituições de apoio, e outra é ver a que ponto estas diversas instituições se articulam efetivamente com a população interessada. A longo prazo, sabemos, as ações se generalizam e se tornam sustentáveis quando a própria população as assume. Não devemos confundir o motor de arranque, necessário mas insuficiente, com o motor principal. A articulação horizontal não pode substituir o enraizamento na base social (Dowbor, 2002:14).

4.6. Objetivos – principais propósitos com a formação de alianças e parcerias

Foram resumidas 14 publicações que tratam com maior profundidade os objetivos que organizações da sociedade civil e empresas têm ao realizarem alianças e parcerias na área social. Entre as várias dimensões possíveis para a definição desses objetivos ganham relevância principalmente aquelas que dizem respeito à busca de competências e de variados tipos de recurso. Ao optar pela ação conjunta, uma organização procura somar suas disponibilidades às do parceiro e por essa via assegurar sustentabilidade aos propósitos já existentes.

Em alguns trabalhos percebe-se com clareza os objetivos originários do mundo empresarial (aumento da eficiência, *know-how*, melhor posicionamento de imagem etc.) e a coexistência de elementos próprios da tradicional relação financiador-financiado, em que a mobilização de recursos financeiros é o motor principal.

Em outra parcela das publicações a ênfase é para os objetivos derivados da compreensão de que parcerias e alianças podem promover a criação de novas práticas, qualificar as existentes ou ampliar o seu raio de ação, e até mesmo contribuir para a transformação social de maneira mais efetiva.

Encontramos ainda na literatura a idéia de que o trabalho conjunto de intervenção social traz, em si, a possibilidade de um novo pacto, no qual as soluções podem ser negociadas a partir de uma nova coesão e composição de forças.

Vale notar que, junto com a análise dos propósitos que movem a formação de parcerias e alianças entre organizações da sociedade civil e empresas, três preocupações são recorrentes nas manifestações de alguns autores.

A primeira delas diz respeito ao risco de que as parcerias e alianças se transformem num fim em si mesmas e com isso percam de vista os objetivos para os quais foram criadas. Sendo assim, esses autores afirmam que para evitar esse risco é necessário que se dê importância ao estabelecimento claro da finalidade e do sentido ao trabalho compartilhado.

A outra preocupação é que as dicotomias e as divergências ideológicas acabem por sobrepujar a causa social que mobiliza a própria parceria. Mais uma vez o antídoto apontado por essas publicações é a definição clara dos objetivos da parceria.

Finalmente, os autores alertam que é necessário criar bases sólidas de sustentação para uma intervenção social, de tal forma que as organizações da sociedade civil e a empresa não caiam conjuntamente na tentação de querer, com sua intervenção social, substituir o papel do Estado e até mesmo da própria comunidade que o trabalho em parceria objetive fortalecer.

4.6.1. Principais questões e ênfases dos autores

Os principais objetivos das alianças e parcerias segundo as publicações analisadas podem ser sintetizados em quatro dimensões de propósitos, algumas vezes combinados entre si. São elas:

- Aumentar a eficiência da intervenção operacional das organizações, definida como a aquisição de habilidades e competências, superação de lacunas, resolução de necessidades, garantia de sustentabilidade das ações e uso potencializado dos recursos.

> A sustentabilidade institucional depende da capacidade da sua organização de estabelecer relações com indivíduos e organizações de todos os setores da sociedade. Essas relações podem ser simples, como uma doação financeira única, ou complexas, como alianças estratégicas de longo prazo (Pezzullo, 2003:95).

> Objetivos das alianças estratégicas: – Compartilhar riscos. – Compartilhar sucesso. – Obter economia de escala. – Acessar novas frentes de atuação. – Acessar tecnologia e conhecimento. – Ampliar sua capilaridade (ampliar atuação geográfica). – Resolver limitações financeiras. – Alavancar habilidades (quando uma organização precisar do conhecimento específico que outra organização detém) (Noleto, 2000:19).

> A pesquisa Alianças Estratégicas Intersetoriais mostrou que o aumento de eficiência, apontado por 74% das empresas respondentes, e a competência da organização parceira, apontada por 64%, são as principais razões para o estabelecimento de alianças intersetoriais do ponto de vista das organizações empresariais brasileiras. Além de serem potencialmente mais efetivas, as parcerias acabam por desobrigar as empresas de adquirir um *know-how* que não possuem e que não faz parte, na maioria das vezes, das competências necessárias para a operação de seu negócio. (...) De acordo com a pesquisa, a maioria das empresas também percebe benefícios relacionados à estratégia empresarial, desenvolvimento de recursos humanos, aperfeiçoamento de padrões culturais e geração de inovações nos negócios (Fischer, 2003:7).

- Potencializar a eficácia das ações e dos resultados da intervenção social.

> A atuação em conjunto das organizações da sociedade civil, empresas e governo para a implementação de projetos sociais potencializa a qualidade das ações, fazendo com que os problemas sejam solucionados de forma mais efetiva. Além disso, pode orientar e influenciar a formulação de políticas públicas (Giannecchini, 2003:2).

> Os objetivos da parceria tendem a ser relativos a um impacto mais profundo na realidade na qual as organizações envolvidas atuam. Por isso ela não apenas supre necessidades, mas converte-se tanto numa forma de ampliar e irradiar os efeitos de um trabalho quanto num modo de sensibilizar, mobilizar e co-responsabilizar outros sujeitos em torno de ações voltadas para a ampliação da cidadania e do enfrentamento dos problemas sociais (Valarelli, 1999 In Adulis, 2002).

> (...) criação de novas práticas e recuperação de outras, trabalhar em conjunto, mobilizar, conscientizar e valorizar as potencialidades locais, compartilhar tarefas e responsabilidades na construção da cidadania (Camarotti, Spink, 2000:10).

- Ampliar os impactos no enfrentamento das questões sociais, assegurando o desenvolvimento sustentado, a promoção da justiça social e a redução da pobreza.

> No terceiro setor, tanto as parcerias quanto as alianças estratégicas estão voltadas a importantes objetivos ligados à transformação da realidade, buscando justiça social. A união de forças permite a transformação social (Barreira: 1).
>
> O próximo passo é discutir o próprio espírito da parceria, para saber se vamos empreender uma ação transformadora ou de manutenção do *status quo*. É muito importante saber o que é preciso transformar, o que é a transformação e quais são as prioridades (Grajew In Cenpec, 1999:8).
>
> Para viabilizar qualquer tipo de transformação, nosso desafio é estabelecer parcerias com espírito público de coletividade entre todos os setores (...). Temos que construir uma agenda de eqüidade social em que os esforços de cada um estejam coordenados de maneira sinérgica e convergente (Senna In Cenpec, 1999:22) .
>
> Na verdade o que legitima a ação social do governo, das empresas, das demais entidades do Terceiro Setor e da própria comunidade é o desejo de reduzir e eliminar a pobreza (Melo Neto, 2001:47).
>
> No Terceiro Setor, tanto as parcerias quanto as alianças estratégicas estão voltadas a importantes objetivos relacionados à transformação da realidade, buscando justiça social. A união de forças permite a transformação social (Tachizawa, 2002:156).
>
> (...) as alianças estratégicas intersetoriais podem se constituir em um dos mais eficazes mecanismos de asseguramento da cidadania plena e da sustentabilidade do desenvolvimento social (Fischer, 2002: 28).

- Desenvolver capital social, reforçar a coesão social e salientar os valores democráticos.

> (...) consolidar a cidadania ativa, baseada no incentivo à ação comunitária e solidária, assentada, por sua vez, na responsabilização dos cidadãos a partir da sua existência cotidiana, o que propicia o reforço da coesão social ameaçada pelo atual quadro de desarticulação social (Camarotti, Spink, 2000:59).
>
> Construir alianças e parcerias equivale a nos inserir de maneira inteligente na arquitetura de interesses econômicos e sociais(...) busca-se inteligentemente, entre os diversos atores econômicos e sociais interessados, as soluções negociadas que permitirão maximizar o interesse social, econômico e ambiental. (...) Esta visão é muito importante para nós, pois tendemos a ver alianças e parcerias em termos de produtividade direta – contribuição para redução da desnutrição, por exemplo – quando freqüentemente o desenvolvimento do capital social, a ampliação da cultura da solidariedade e o aprendizado de formas cooperativas de se organizar pode constituir um objetivo essencial, ainda que indireto, abrindo espaço para dinamização de um conjunto de outras iniciativas. (...) Gerar um ambiente propício às parcerias e à construção de capital social, por sua vez, implica numa visão ampliada que temos desenvolvido neste estudo: de que se trata não apenas de uma forma de tornar um programa determinado mais eficiente, ao associar diversos parceiros, mas promover um clima político e cultural que facilite o surgimento de um novo tipo de pactos sociais (Dowbor, 2002).

4.7. Processo de formação de alianças e parcerias – motivações, etapas e procedimentos

Da amostra selecionada, 21 publicações apresentam reflexões de seus autores tratando das motivações e das formas de se construir alianças e parcerias entre empresas e organizações da sociedade civil.

Mesmo que a discussão temática e a prática de alianças e parcerias trate-se ainda de um processo em consolidação, é observável que as motivações originárias do setor empresarial são as mais enfatizadas por um número representativo de pesquisas e publicações. Depreende-se também que são as empresas que têm mais freqüentemente tomado a iniciativa na busca dos parceiros e na definição de interesses e objetivos.

Segundo a leitura dos trabalhos, as definições prévias das expectativas, dos interesses, dos papéis, das responsabilidades, dos objetivos e dos resultados a serem alcançados podem ser considerados, sinteticamente e com muita flexibilidade, os elementos fundamentadores da construção de parcerias e alianças.

Aliados à posterior definição de um sistema de comunicação, monitoramento e avaliação, esses são os procedimentos que interferem decisivamente na formação e dotam as alianças e parcerias de confiança e de credibilidade.

Tendo em vista essa constatação, infere-se que, mais do que construir passos ou receitas de sucesso para a formação de parcerias e alianças entre organizações da sociedade civil e empresas, é importante que se discuta os elementos que interferem no seu processo de formação e, especialmente, avaliar os resultados com base em experiências concretas.

4.7.1. Principais questões e ênfases dos autores

Destacamos a seguir as principais ênfases dadas pela literatura aos motivos para o estabelecimento de alianças e parcerias, vantagens e benefícios advindos de sua prática, tanto para empresas quanto para organizações da sociedade civil.

- Empresas – valores e motivações pessoais dos dirigentes; incentivos tributários; questões mercadológicas; marketing; baixo custo das ações; realização de ações de responsabilidade social empresarial sem a necessidade de se criar setores específicos para tal; busca de alternativas para problemas sociais; ampliação do potencial das ações; ganho de experiência na área; maior eficiência; maior capilaridade; e absorção da metodologia de trabalho do terceiro setor são, segundo a parcela majoritária das publicações, os motores das alianças e parcerias dentro das empresas.

> Podem-se elencar várias possibilidades de motivação para a ação. Uma linha estaria relacionada aos valores e motivações dos donos ou principais executivos da empresa, por razões religiosas, humanitárias, culpa por pertencerem a um grupo privilegiado, vaidade em ajudar outras pessoas e ser reconhecidos por isso. Outra motivação pode ser na linha dos incentivos tributários ou outros incentivos oferecidos pelo governo ou outras organizações. A motivação pode estar ligada estritamente a questões mercadológicas, já que há muitos que defendem que as empresas que investem no social são as preferidas pelos consumidores e tornam-se mais lucrativas (Schommer,2000:58-59).

> A principal motivação que leva estas empresas a realizar parcerias na execução de projetos sociais é a possibilidade de ampliação do potencial de atendimento do projeto, motivo este apontado por (50%) das empresas, conforme dados demonstrados no Gráfico 26. E, em segundo lugar, encontra-se o fato de não disporem de recursos ou experiência na área, para execução do projeto (46%) (Semear, 2000:42).

> Entre as razões para atuar em aliança estão: maior eficiência, maior *know-how* da parceira, menores custos, maior visibilidade, maior facilidade em obter recursos e não pretender desenvolver competências. Entre as razões para não atuar em alianças estão: melhor controle dos recursos, pretender

desenvolver competências, maior eficiência, ser melhor para a imagem corporativa, poder gerar demanda excessiva (Fischer, 2002).

O clima geral tem evoluído favoravelmente a uma inserção muito mais forte do empresariado em atividades sociais, e buscam parcerias porque as "competências específicas" em geral não habilitam particularmente as empresas para estas atividades. O eixo, no Brasil, está muito centrado na visão de Peter Drucker, de um pragmatismo que faz a empresa estimar que uma boa política social constitui também boa política econômica (Dowbor, 2002:100).

Três forças significativas criaram um espaço propício para o surgimento tanto das parcerias quanto das alianças estratégicas: - a procura de capacidades à medida que os limites entre as organizações tornam-se indefinidos; - recursos escassos e a intensificação da competição por espaço além da crescente necessidade de intervenção na problemática social; - a lacuna entre o que uma organização gostaria de realizar e o que, levando em conta a realidade e seus recursos próprios, pode realizar (Tachizawa, 2002:156).

- Organizações da sociedade civil – conhecimento de práticas profissionais empresariais, aumento da eficiência e do poder de influência, novas competências organizacionais, mobilização de recursos e sustentabilidade levam essas organizações a se aliarem às empresas no desenvolvimento de sua intervenção social, segundo parte significativa dos trabalhos analisados.

O argumento mais freqüente a favor do estabelecimento de parcerias baseia-se nas vantagens que cada organização poderia obter com esse tipo de relacionamento, entre as quais destacam-se: fortalecimento e ampliação da capacidade de ação; realização de projetos e ações conjuntas; troca de conhecimentos e aprendizado; compartilhamento de recursos (Adulis, 2002).

Luciana de Mendonça: "Os benefícios das alianças para as comunidades e a sociedade são decorrentes da potencialização da qualidade das ações desenvolvidas, permitindo que os problemas e necessidades sociais sejam atendidos de maneira mais efetiva. É importante destacar também o poder de influência dessas alianças na formulação de políticas públicas, já que integram recursos diversos e competências organizacionais de diferentes origens setoriais, o que pode ser útil para orientar e influenciar os formuladores das políticas sociais e os órgãos públicos encarregados de sua implementação" (Giannecchini, 2003:3).

Na integração entre empresas e entidades filantrópicas, as duas partes teriam muito a ganhar. De um lado, as corporações transmitem conceitos como avaliação de resultados, estabelecimento de metas, foco, parcerias estratégicas. De outro, creches, abrigos e asilos podem dar uma aula de como fazer mais com menos, motivação, foco e trabalho em grupo (Marin, Galindo, 2003:1).

Especialmente, ao abordar as vantagens ou recompensas que a parceria com o setor privado pode trazer às organizações sem fins lucrativos, vale citar as seguintes: estímulo à profissionalização; criação de mecanismos de avaliação e crítica à atuação dessas entidades, contribuindo assim para o seu reconhecimento no âmbito comunitário e, então, para o fortalecimento de sua legitimidade social; atração de novos componentes humanos ao engajamento social; aprendizado administrativo-gerencial nas áreas de recursos humanos, materiais, financeiros, contábeis, tecnológicos, etc.; incentivo à busca de instrumentos legais que valorizem as suas ações; maior possibilidade de perpetuação no tempo, dada a maior organização gerencial, a credibilidade social e a sustentabilidade financeira conquistadas; força maior perante as instâncias governamentais em razão do poder que as corporações empresariais têm no cenário mundial, etc. (Lima, 2003:129-130).

Foi possível extrair da literatura três recomendações de procedimentos decisivos para o processo de construção de parcerias e alianças. São eles: respeito à diversidade cultural, formalização – muito embora a base seja a confiança – e definição de critérios claros para a escolha dos parceiros.

> Um segundo ponto... é que as parcerias e alianças se realizam no quadro de contextos diferenciados, cada um com as suas culturas, tradições, desconfianças. De certa maneira cada país tem o seu tipo de capital social acumulado, e será profundamente diferente construir parcerias na Guatemala, com a força da presença indígena, e na Jamaica, com a tradição de governo centralizado e uma forte cultura afro. E o Brasil nos oferece uma clara visão de a que ponto as coisas podem ser diferentes dentro de um país, nas regiões amazônicas, no Nordeste, na periferia das grandes cidades (Dowbor, 2002:55).

> Consideramos importante formalizar tanto as parcerias quanto as alianças. No caso de parceria entre organizações da sociedade civil, o instrumento pode ser mais simples: um documento no qual constará o objeto da parceria, seu tempo de duração, cópia do projeto envolvido e definido das atribuições de cada uma das partes. No caso das alianças estratégicas, sempre haverá uma formalização do acordo com a definição exata do que cada organização aportará para a aliança e as responsabilidades de cada uma delas (Noleto, 2000:26).

> Explicitar, num elenco de princípios comuns, o ideário da parceria ou da aliança é outro ponto que me parece fundamental neste tipo de enlace interorganizacional. O ideário torna-se um parâmetro para a tomada de decisões, a resolução de divergências e o estabelecimento de objetivos. Eu diria que o ideário é, de uma certa maneira, o cimento que torna coesas as partes de uma parceria ou de uma aliança...O Termo de Parceria ou Aliança deve ser complementado por dois outros documentos: o ideário e o plano de ação, não devendo, pois, ser confundido com eles. O termo de aliança deve tratar dos propósitos básicos do enlace, sua arquitetura organizacional, seu funcionamento e a divisão das decisões, ações e responsabilidades entre as partes, contemplando até mesmo o caso de ruptura da parceria ou da aliança (...) (Senna in Gife, 2001: 51).

> Luciana de Mendonça: "A diferença (na formação de alianças) é que não necessariamente isso precisa estar em contrato formal. Basta estar em um contrato psicológico entre as partes" (Giannecchini, 2003:4).

> Para organizações que aspiram crescer tanto em suas frentes de atuação quanto globalmente (em tamanho, em recursos, em áreas geográficas, no aumento de serviços oferecidos), um importante desafio consiste em selecionar os parceiros, avaliar os riscos e identificar os fatores que justifiquem e levem à parceria ou à aliança (Tachizawa, 2002:156).

Algumas publicações trazem a descrição daquilo que consideram como as etapas necessárias e relevantes à formação de alianças e parcerias.

> Pensamos em uma metodologia que tem quatro etapas: 1. Identificação 2. Valorização 3. Negociação 4. Implementação... Essas quatro etapas compreendem oito passos ou atividades que devem ser seguidos para facilitar tanto a formação de parcerias quanto a formação de alianças estratégicas: 1. Definir estratégias e objetivos; 2. Avaliar parceiros em potencial; 3. Avaliar as possibilidades e o que oferece em troca; 4. Definir a oportunidade; 5. Avaliar o impacto da ação conjunta; 6. Avaliar o poder de "barganhar"; 7. Planejar a integração; 8. Implementar a integração (Noleto, 2000:20).

> (...) é importante, a cada aliança, delinear sistematicamente: Por que; O que; Com quem; Quando e Como desenvolver e administrar o relacionamento. Este exercício pode ajudar as organizações a identificar a função e o valor da cooperação para sua estratégia e orientá-las na busca de um parceiro

> compatível com seus objetivos. Além de propiciar uma análise temporal do início e dos passos que a aliança pode seguir (Fischer, 2003:6).
>
> A formação de alianças estratégicas deve ocorrer entre parceiros que visam os mesmos resultados e objetivos e que, juntos, sabem que são mais fortes, devendo levar em consideração questões relevantes como: - definição de objetivos comuns; - bens ou serviços resultantes das pesquisas desenvolvidas; - benefícios sociais; - definição de prazos, investimentos e responsabilidades em capital, tecnologia, pesquisadores, infra-estrutura, informação e pessoal técnico; - recursos informacionais utilizados; - monitoramento das parcerias envolvidas para dar visibilidade ao desempenho de cada um dos parceiros, bem como o redirecionamento de recursos e responsabilidades, caso se tornem necessários (Marques, 2003:48-49).

Parcela importante dos trabalhos analisados ressalta mais uma vez como fundamental o papel das organizações intermediárias e instâncias articuladoras como facilitadoras do processo conjunto de intervenção social.

> Para mediar parcerias, têm surgido organizações que funcionam como mecanismos de ponte, de aproximação entre setores distintos, que quando representativas e dignas de confiança atuam como interlocutoras e potencializam os resultados positivos das parcerias (Schommer, 2000:102).
>
> O processo de transformar a vontade pessoal em diretrizes estratégicas empresariais pode ser apoiado por instituições que atuam como "intermediárias" entre as organizações de diferentes setores. Os centros de estudos e pesquisas universitários, as entidades de associação de classe e de profissionais, os institutos de mobilização da responsabilidade social despontam como organizações que acumulam o *know-how* para facilitar o processo interno das empresas e orientar a aproximação que promova a parceria (Fischer, 2002:79-80)
>
> Promover parcerias, por sua vez, envolve um trabalho de articulação entre forças que pouco conversam entre si, exige chamar diversos atores sociais para a elaboração conjunta de projetos, e pode passar pela utilização intensa de entidades intermediárias, que podem ser igrejas, governos locais, associações de ONGs e assim por diante (Dowbor, 2002:91).

4.8. Gestão – equilíbrio de poder e administração de culturas e racionalidades distintas

A seguir apresentamos o que foi destacado na literatura sobre os obstáculos e as soluções encontradas na gestão cotidiana do trabalho social compartilhado. Embora na maioria das vezes não seja possível distinguir a gestão do próprio processo de formação das parcerias e alianças – tema tratado no item anterior –, foram destacadas oito publicações que enfocam esse aspecto do tema.

Além de todos os preceitos intrínsecos aos processos de gerenciamento de relações entre organizações – entre os quais destacam-se planejamento, negociação, operação, manutenção e avaliação –, a gestão de parcerias e alianças entre organizações da sociedade civil e empresas é acrescida de mais um desafio: administrar simultaneamente lógicas e racionalidades diferentes.

Assim, da leitura das publicações sobre o tema conclui-se que na gestão compartilhada de uma intervenção social não é suficiente rever apenas a adequação de procedimentos e instrumentos adotados. Muitas vezes, é necessário examinar a própria filosofia de gestão, ou seja, rever os sentidos e propósitos que moveram a formação da aliança para que se chegue à construção de uma nova forma de administração compartilhada de idéias e causas.

4.8.1. Principais questões e ênfases dos autores

Abordando a gestão de parcerias e alianças em sua complexidade, as reflexões colocam ênfase na necessidade de rompimento com as estruturas hierárquicas tradicionais, na administração de conflitos decorrentes das diferentes racionalidades e culturas e nas questões do balanceamento adequado de poder.

- Considerações sobre a complexidade da gestão de parcerias.

  > A formação de alianças estratégicas em organizações complexas não é um processo fácil e exige refinados procedimentos de gestão. Tornou-se um fenômeno freqüente do cenário organizacional, em função das profundas mudanças que vêm ocorrendo no mundo dos negócios e na administração dos estados da sociedade capitalista nas últimas décadas. Se é um desafio para as corporações empresariais, que detêm as mais modernas tecnologias de gestão, estas alianças parecem ainda mais complicadas na ótica dos administradores e líderes das organizações da sociedade civil (Fischer, 2002:22).

  > (...) como administrar parcerias, alianças, e as mais diversas formas de organização interinstitucional, que por um lado estão se demonstrando tão ricas em sinergias, particularmente quando se trata de políticas sociais, e por outro lado tornam mais difícil a definição do foco de ação, nos dispersam em mil relações diversificadas, e representam, na realidade, um desafio às formas tradicionais de gestão (Dowbor, 2002:6).

- A presença de estruturas hierárquicas impõe a necessidade de se encontrar um meio termo entre o tradicional e o novo.

  > Um terceiro aspecto que me parece pertinente nessa reengenharia são as formas e os métodos de trabalho, pois pensar em parceria com as estruturas hierárquicas de trabalho que ainda prevalecem é muito diferente de quando começamos a trabalhar em parceria com protagonistas diversos, porque temos uma série de protagonistas absolutamente assimétricos – prefeitura, órgãos do governo do estado, ONGs muito distintas, financiadores internacionais, empresas etc. (Wilheim in Cenpec, 1999:18).

  > (...) as resistências afloram de ambos os lados e a falta de compartilhamento de idéias e dificuldades pode minar excelentes oportunidades para que ambos os parceiros aprendam a desenvolver em conjunto uma forma de gestão que compatibilize as necessidades dos dois lados. Não se pode administrar a atuação social como um negócio, pois, por essência, ela não o é. E também não é viável que as empresas abram mão de formas de gestão mais estruturadas porque suas parceiras não estão preparadas para isto. Deve haver um meio termo, que só poderá ser obtido com o real comprometimento e envolvimento dos dois lados (Bose, 2003:19).

- A administração dos conflitos entre as diferentes racionalidades e culturas de uma organização da sociedade civil e de uma empresa é inerente ao compartilhamento da intervenção social entre esses distintos atores.

  > O Estado, as empresas e as organizações da sociedade civil obedecem a dinâmicas, ou ao que poderíamos chamar de culturas organizacionais, bastante diferentes, olham-se freqüentemente com desconfiança, e a construção das articulações, das alianças, das sinergias no desenvolvimento social é ao mesmo tempo necessária e complexa. Como construir estas aproximações, como ultrapassar as desconfianças, como evitar as sobreposições, como criar respeito e confiança entre culturas organizacionais diferentes, como se proteger dos excessos do reunionismo e do populismo, mas ao mesmo tempo garantir processos democráticos e eficiência nas ações, tudo isto são questões centrais neste trabalho (Dowbor, 2002:12-13).

Ao mesmo tempo em que se discute a parceria entre as empresas privadas e as entidades sem fins lucrativos, cujas racionalidades subjacentes são bastante diferenciadas, vislumbra-se a necessidade da superação dos conflitos naturais oriundos do choque entre duas racionalidades distintas e antagônicas; uma, instrumental, excessivamente egocêntrica, dirigida para o lucro e geradora de uma sociedade voltada para o mercado; e outra, que Guerreiro Ramos (citado em Serva, 1997) intitula "racionalidade substantiva", cuja tônica está no comportamento ou na atitude ética, dirigida prioritariamente para o bem de todos e geradora de uma sociedade centrada na justiça social (Lima, 2003:131).

- Outro elemento presente nessa junção é a assimetria observada nas relações de poder.

O confronto dessas duas racionalidades traz à tona uma questão importante quando o assunto é gestão dessas parcerias: o poder. Aflora o comportamento assistencialista de muitas empresas do âmbito privado, que muitas vezes manipulam as organizações do terceiro setor por razões de sobrevivência financeira destas; verifica-se igualmente a tendência das instituições privadas de ditar as regras e o ritmo das organizações do terceiro setor, quer por desconfianças e preconceitos historicamente enraizados em nossa cultura, quer pelo imediatismo de visualizar os resultados. Ao interferir assim nas organizações sociais, o empresariado mostra desejar fazer dessas entidades organismos que funcionem segundo sua lógica e modelo (Lima, 2003:137).

É possível extrair das publicações algumas recomendações para o enfrentamento dessas questões, tais como: a definição de metas e objetivos claros; consideração aos elementos intangíveis (confiança, comunicação, aprendizagem, responsabilidade, compromisso); a criação de densidade informativa; transparência e não-burocratização; e estabelecimento de procedimentos de avaliação da qualidade da relação.

A parceria entre terceiro e segundo setores, para funcionar e alcançar resultados satisfatórios, necessita do uso eficiente de mecanismos de gestão administrativo-finaceiro-contábil, e, para a gestão eficiente dessa parceria, objetivos e metas precisam ser definidos de modo a permitir a otimização dos resultados esperados e o monitoramento contínuo de todo o seu desenvolvimento (Dulany in Ioschpe, 1997) (Lima, 2003:137).

Austin ressalta, como o quinto fator principal para a criação de uma aliança de cooperação, que a gestão eficaz exige a atenção concentrada em organizar os elementos, que vão desde os sonhos e ideais que nascem nas mentes das pessoas até a institucionalização deste novo ente – a parceria – com seus componentes concretos e os seus elementos intangíveis. Confiança sólida, comunicação eficaz, aprendizagem contínua, responsabilidade pelo desempenho e compromisso com os resultados são alguns dos principais componentes desse modelo de gestão (Fischer, 2002:172).

A estratégia para enfrentar a nova escala de relacionamentos, sem criar constrangimentos burocráticos e desgaste, nos parece estar centrada em quatro pontos: - Criar uma densidade informativa e um ambiente de transparência que permita que os ajustes sejam de natureza auto-reguladora e espontânea, e não como imposições de uma "agência controladora". - Trabalhar com parceiros que sejam eles mesmos ricos em *networking*, de forma a obter efeitos multiplicadores em cada parceria ou aliança trabalhada diretamente. - Em vez de reforçar os controles burocráticos, trabalhar indicadores flexíveis de desempenho que permitam que em nível mais elevado de gestão os problemas apareçam.
- Quando aparecem problemas, ou insuficiências claramente sugeridas pelos indicadores, buscar medidas corretivas para estes casos excepcionais, em vez de burocratizar todas as atividades que se ajustam espontaneamente e que não apresentam problemas (Dowbor, 2002:107).

4.9. Classificação – tipologias existentes para alianças e parcerias

Destacou-se sete publicações com abordagens das diferentes maneiras pelas quais alianças e parcerias vêm sendo classificadas.

É importante ressalvar o caráter relativo das tipologias e critérios de classificação. Ainda que contribuam para a reflexão, a qualificação e a pesquisa, nem sempre é possível que realidades complexas e dinâmicas, como é caso da área social, obedeçam a critérios e lógicas preestabelecidos.

Entretanto, a ausência de referências tipológicas e classificatórias pode se configurar num problema, já que se corre o risco de analisar, sob a mesma perspectiva, ações de naturezas diversas.

Feita essa ressalva e analisando-se o conjunto das publicações selecionadas, infere-se que a literatura brasileira tem dado pouca ênfase a esse aspecto do tema.

4.9.1. Principais questões e ênfases dos autores

Constata-se que os tipos de parceria e aliança são tão variados como o são os parceiros e suas ações, e que as dificuldades para classificar e construir as tipologias de alianças e parcerias são as mesmas encontradas para os parceiros*.

- Tipos de parceria e aliança tão variados como o são os parceiros.

    > Talvez a única característica comum entre formas, volumes de recursos, motivadores, características e resultados da ação empresarial no social, no Brasil, hoje, seja a heterogeneidade, o hibridismo, a convivência de modelos gerados em outros paises e adaptados às condições de cada local (Schommer, Fischer, 2001:97).

    > A diversidade de grupos sociais e organizações que atuam na sociedade, com interesses, trajetórias, valores e naturezas distintas, faz com que o que seja uma parceria para uns não seja necessariamente considerado como tal por outros (Tachizawa, 2002:157).

    > Todos procuram classificações, sistematizações, regras e critérios, indicadores e qualificações, formalizações. Mas não adianta muito colocar na realidade mais lógica do que ela tem. Enquanto vão se reconfigurando as formas de gestão social, e enquanto não emergem rumos mais claros, devemos em boa parte nos contentar com pragmatismo e bom senso e, sobretudo, um contato permanente com esta realidade dinâmica que nos cerca. E pesquisar sistematicamente os novos rumos que surgem, investindo fortemente na elevação do nosso conhecimento das novas realidades (Dowbor, 2002:103).

- As dificuldades na classificação dos próprios parceiros.

    > Os estudos qualitativos realizados ressaltam a grande diversidade de formas de atuação com as quais as empresas buscam concretizar sua concepção de responsabilidade social, mas permitem identificar também, dois tipos básicos: a empresa que considera essas ações como um investimento social, como um bem em si mesmo, gerador de resultados para a comunidade ou a população-alvo; e a empresa que concebe tais ações como investimento negocial cujo retorno efetiva-se na imagem da marca e no desempenho do produto (Fischer 2002:77).

* Por grupos: organizações da sociedade civil, empresas, organizações internacionais, sindicatos, meios de comunicação, igrejas, universidades, etc; por atividade: saúde, educação, habitação, segurança, lazer, cultura, etc; por área produtiva, por local de impacto; por escala de atuação; etc.

> (...) parece essencial passarmos a diferenciar o setor empresarial em seguimentos que obedecem a interesses, culturais e circuitos de poder que constituem subsistemas dificilmente generalizáveis. Os grandes bancos, por exemplo, têm uma grande capilaridade junto à sociedade, ganham rios de dinheiro, e sentem uma crescente vulnerabilidade relativamente à sua imagem. Empresas transnacionais buscam a sua legitimação em termos sociais e ambientais de maneira bastante ativa, e são muito permeáveis à visão de construção de imagem no longo prazo. A pequena e média empresa, por outro lado, que assegura o grosso do emprego e tem forte impacto articulador em nível das políticas locais, não tem sido vista como interlocutor, e pode ser considerada uma área subutilizada (Dowbor, 2002:62).
>
> Mas também haveria o risco de, segundo Landim (2002), ao tentar unificar toda essa diversidade de organizações, homogeneizar e despolitizar um campo onde há, naturalmente, conflito e diversidade de interesses e objetivos, dificultando a legitimação de cada entidade (Andrade, 2002:28).

Uma das alternativas mais utilizada é a classificação por dinâmica – fases ou *continuum* ou evolução das alianças e parcerias.

> As três fases da parceria empresa-comunidade: **1ª fase** – Empresa – Interação restrita ou inexistente com entidades. Organizações sociais – Cinismo e descrença - Ignorância do trabalho com empresas; **2ª fase** – Empresa – Arrogante. Objetivo de ganhar com associações beneficentes. Organizações sociais – Tenta decidir o que oferecer ou pedir à empresa. Pedidos de dinheiro ingênuos; **3ª fase** – Empresa – Benefícios e respeito mútuos. Organizações sociais – Segura. Recebe e dá apoio da empresa (Grayson, Hodges, 2002:273).
>
> **Filantrópica –** Uma das organizações assume o tradicional papel de doador benevolente, que destina recursos para que a organização realize suas atividades. Geralmente a ONG recebe recursos financeiros, alimentos, produtos ou serviços da empresa, que aumenta sua reputação ou melhora sua imagem junto à sociedade. Uma relação de colaboração do tipo filantrópica exige pouca dedicação ou compromisso por parte do "doador". Um exemplo clássico desse tipo de colaboração é o das empresas que doam cestas de natal no final de ano. A relação entre a empresa e a entidade que atende uma comunidade se encerra com a transferência de recursos. **Transacional –** Nesse tipo de relação, as organizações passam a se ver como potenciais parceiras, buscando alcançar objetivos comuns podem passar a desenvolver atividades conjuntas, como campanhas de marketing de causa relacionadas, patrocínio de eventos, franquias e troca de serviços. **Integrativa –** Nesse tipo de colaboração as organizações traçam objetivos comuns e delineiam ações, empregando, de forma integrada, recursos oriundos das diferentes participantes. Quanto mais próxima do tipo integrativo, a relação de colaboração torna-se complexa e exige maior envolvimento e dedicação dos participantes, além do comprometimento crescente de recursos (Adulis, 2002).

4.10. Valores – a ética que norteia as alianças e parcerias

A intenção da aplicação dessa categoria foi verificar na literatura selecionada os princípios éticos e os valores propostos para as alianças e parcerias. Embora muitos deles já tenham sido tratados nos capítulos que abordaram o processo de formação, a gestão e os pré-requisitos, destacamos nesse capítulo as ênfases encontradas em quatro publicações cujos autores fazem referência específica a valores que consideram indispensáveis à intervenção social conjunta.

4.10.1. Principais questões e ênfases dos autores

Assim, as publicações destacadas trazem como valores indispensáveis às alianças e parcerias: responsabilidade, ética, confiança, colaboração, solidariedade e transparência.

(...) co-responsabilização social solidária, único valor que eu entendo como capaz de fazer frente à liberdade como fator ordenador da sociedade moderna, ou seja, os setores hegemônicos têm na liberdade um eixo articulador da sua atuação, expressa pelo mercado, e a única contrapartida possível a essa liberdade é a responsabilidade e a ética. (...) a contrapartida dessa liberdade tem de estar refletida numa ética de responsabilidade social ou numa ética norteada por princípios universais de justiça social e de solidariedade. (...) a questão da participação social, um conceito desgastado que, por ser muito usado, acaba sendo esvaziado do seu conteúdo. Porém, a participação social precisa ser resgatada como condição fundamental na construção de um modelo social mais inclusivo, onde haja um maior controle da vida de cada um, um maior acesso aos serviços de saúde, de educação, e uma maior integração do sujeito no processo coletivo. É cada vez mais importante uma conscientização da afirmação do indivíduo enquanto um sujeito, o respeito às diversidades culturais (Setúbal in Cenpec, 1999:10).

E esse movimento do Terceiro Setor no sentido de expansão dos valores éticos, no sentido de aumentar o sentimento de responsabilidade na construção e na negociação do contrato social é a forma de contrapor-se ao aumento da irracionalidade egoísta. Eis a grande importância do movimento ético, do movimento da responsabilização de todos os protagonistas nessa reconstrução social em que estamos envolvidos (Wilheim, 1999:19).

Hoje em dia é comum depararmos com contradições éticas em relação a algumas organizações. Por isso é fundamental conhecer os parceiros em profundidade, saber os riscos envolvidos em cada associação e se estaremos ou não comprometendo a imagem e a credibilidade de nossa organização (Noleto, 2000:27).

(...) trata-se de construir valores como confiança, colaboração, solidariedade, transparência – sem os quais nenhuma parceria funciona – num mundo que foi de certa maneira reduzido à lógica da competição, das vantagens unilaterais e da chamada *global rat race*. Todo o processo analisado banha neste ambiente contraditório (Dowbor, 2002:6).

4.11. Avaliação – critérios de apreciação dos parceiros, das relações, dos resultados e do impacto social das alianças e parcerias

A avaliação de alianças e parcerias constitui-se em uma das grandes lacunas encontradas na literatura. Das 69 publicações que compõem o universo analisado, sete aprofundam o tema.

Embora referências sobre a sua necessidade e importância sejam muitas, raras são as reflexões específicas sobre procedimentos, instrumentos e critérios na sua efetivação, além disso, fato relativamente explicado pelas dificuldades elencadas, inexistem exemplos sobre a avaliação do impacto social gerado pelo trabalho em parceria.

4.11.1. Principais questões e ênfases dos autores

Apresentadas a seguir, as ênfases dadas pelos autores à avaliação de alianças e parcerias foram organizadas em quatro blocos: necessidades da avaliação; dificuldades inerentes à sua prática; foco da avaliação; indicadores e ferramentas utilizadas.

- **Fatores determinantes da necessidade de avaliação:** estabelecimento de objetivos e expectativas claros; e monitoramento tanto da criação conjunta de valor quanto dos benefícios derivados da cooperação.

A montagem de algum mecanismo de acompanhamento e avaliação no processo é também de fundamental importância. Uma boa atuação conjunta entre organizações não funciona sem uma produção sistemática de dados e informações capazes de alimentar e retroalimentar de forma permanente o processo decisório, de modo a introduzir, sempre a tempo, os ajustes que se fizerem necessários (Senna in Gife, 2001: 51).

Para determinar a agregação de valor de uma cooperação, os parceiros devem, primeiramente, estabelecer expectativas claras em relação ao que desejam obter do relacionamento, tentando quantificar os benefícios e contrabalançá-los com os eventuais custos. Os principais benefícios identificados, pela maioria das organizações de terceiro setor que participaram da pesquisa brasileira, se relacionam à captação de recursos e à capacitação em gestão. Benefícios em termos do aumento da capacidade de atendimento e da esfera de impacto do projeto também foram citados com elevada freqüência pelas organizações. Na criação conjunta de valor, os benefícios não são nem transferências bilaterais nem trocas de recursos, mas produtos ou serviços conjuntos, derivados da combinação das competências e dos recursos organizacionais. Os resultados compartilhados da atuação social devem ser observáveis e, sempre que possível, passíveis de avaliação objetiva (Fischer, 2003:7).

- **Dificuldades inerentes à prática de avaliação:** resultados difusos e de difícil quantificação, o que traz obstáculos ao estabelecimento de indicadores; existência de múltiplos fatores que interferem no resultado; inexistência de ferramentas adequadas; falta de planejamento de longo prazo; diversidade de projetos e de resultados possíveis, o que cria empecilhos à análise comparativa entre iniciativas.

Estamos trabalhando numa área onde os resultados mais preciosos, como construção de capital social, são difusos, e desafiam quantificações. Esta contradição entre o tipo de resultado que temos de medir e os instrumentos de avaliação, que em geral nos vêm de outros universos administrativos, é importante e está sendo objeto de avaliação, por exemplo, pelo Banco Mundial (Dowbor, 2002:87).

O desenvolvimento de indicadores quantitativos segue sendo essencial, mas insuficiente. Os indicadores, naturalmente, apenas indicam, não substituem a análise qualitativa e o controle organizado das comunidades interessadas (Dowbor, 2002:88).

(...) à dificuldade em estabelecer indicadores para mensuração e monitoramento dos processos, resultados e impactos dos projetos sociais. Esta dificuldade é intensificada, por um lado, pela falta de experiência das organizações de Terceiro Setor em trabalhar com indicadores de processo e de resultados e, por outro, pelo desconhecimento por parte das empresas das dificuldades em se trabalhar com realidades sociais complexas. (...) A utilização de procedimentos e ferramentas para acompanhamento e avaliação da aliança é um desafio que não é de fácil solução. Na verdade, ainda inexistem ferramentas adequadas para este novo tipo de gestão, que difere daquelas próprias de um negócio (Fischer, 2003).

Esta ausência de estratégia para o estabelecimento de alianças acaba resultando na falta de indicadores de resultados que propiciem a avaliação e comparação com outras iniciativas na mesma área, uma vez que os projetos se concretizam como casos isolados, construídos com base em necessidades e interesses pontuais, próprios de determinadas situações e contextos (Fischer, 2003).

- **O foco da avaliação**
  - a relação em parceria – objetiva avaliar propósitos, expectativas, compromissos, confiança, valores, credibilidade, respeito às diferenças e à autonomia, papéis, conflitos, flexibilidade, interação, comunicação, aprendizagem e transparência.

- as ações – natureza, escopo, processos, recursos, objetivos, benefícios e resultados alcançados.
- impacto social – mudanças duradoras e sustentáveis na realidade social.
- os parceiros – atuação, tempo de existência, credibilidade, imagem, missão, valores, intencionalidade ética, capacidade de investimento, saúde financeira, recursos humanos e projetos já desenvolvidos.

- **Indicadores e ferramentas presentes nas publicações analisadas:**
  - Os 7 Cs

    Tratando propriamente da questão da avaliação e do monitoramento de alianças intersetoriais, Austin (2001) propõe algumas estratégicas, denominadas "7 Cs da Aliança Estratégica" que precisam ser monitoradas para facilitar o aprimoramento das alianças intersetoriais: 1. Conexão com o propósito e com as pessoas; 2. Clareza de propósito; 3. Congruência de missão, de estratégia e de valores; 4. Criação de valor; 5. Comunicação entre parceiros; 6. Continuidade de aprendizado; 7. Compromisso com a parceria (Fischer, 2003).

Clareza do propósito
- Qual o propósito da colaboração?
- Ambos os parceiros têm clareza do propósito da parceria?
- Em qual dos estágios de colaboração a relação se encaixa e qual o desejo dos participantes?
- Os parceiros superaram a síndrome da filantropia?

Compromisso
- Qual o nível de compromisso da organização com a parceria e como é demonstrado?
- Qual o investimento feito na parceira (pessoal, humano e institucional)?
- Qual o conjunto de parcerias de cada organização e como esta se situa?
- Este conjunto de parcerias é compatível com a capacidade de colaboração de cada uma?

Conexão
- Os indivíduos estão conectados/envolvidos com os propósitos da colaboração?
- Qual o nível e a qualidade da interação entre os líderes das organizações?
- Em que medida as interações ocorrem em outros níveis nas organizações parceiras?

Congruência
- Em que medida cada parceiro conhece bem a missão, estratégias e valores do outro?
- Quais são as áreas de possível sobreposição?
- Como cada parceiro ajuda o outro a alcançar sua missão?
- Em que medida a colaboração é uma ferramenta estratégica para o outro parceiro?
- Os parceiros compartilham uma visão sobre o futuro?

Criação de valor
- Quais recursos de uma parceira são valiosos para a outra?
- Quais benefícios específicos serão advindos da colaboração?
- Os benefícios são maiores que custos e riscos?
- Que valor social pode ser gerado através da aliança?
- Quais novos recursos, capacidades e benefícios podem ser criados pela colaboração?
- Existem benefícios para ambos os lados e de forma equilibrada?

Comunicação

- Qual o nível de respeito e confiança existente entre as partes?
- A comunicação é aberta, franca e construtiva?
- Como a comunicação entre os parceiros é gerenciada?
- Cada parceiro tem um responsável pela gestão da relação?
- Como a aliança é comunicada internamente na organização?
- Há potenciais dissidentes? E como poderiam ser convencidos?
- Como a aliança é comunicada externamente?
- A parceria é adequadamente divulgada?

Contínuo aprendizado

- O que cada parceiro tem aprendido ao trabalhar com o outro?
- Como este aprendizado tem sido incorporado na colaboração?
- Há um processo para avaliar o aprendizado dessa colaboração? (Adulis: 2004, 1).

O Instrumento de Monitoramento de Alianças desenvolvido pelo CEATS visa possibilitar às organizações o autodiagnóstico e a identificação das convergências e divergências de percepção. O Instrumento é composto por um conjunto de 28 Indicadores, divididos em 8 Categorias que procuram retratar algumas das questões essenciais que precisam ser analisadas para reduzir as dificuldades na constituição e manutenção de uma aliança intersetorial e identificar os pontos fortes e fracos do relacionamento. Tais Categorias e Indicadores foram desenvolvidos a partir da análise, com base no referencial teórico, do material coletado durante a realização da pesquisa Alianças Estratégicas Intersetoriais, com contribuições dos participantes através da realização de *workshops* específicos.

As principais constatações dessa atividade se relacionaram à necessidade de: alinhamento de expectativas; definição clara de papéis e benefícios que cada organização e a sociedade podem alcançar com a aliança; definição de quais, como e por quem os recursos podem ser disponibilizados; definição de mecanismos de avaliação de processos, resultados e impactos. A partir destes temas, o CEATS procurou estruturar uma ferramenta de fácil utilização que pudesse auxiliar as organizações a superar as dificuldades apontadas pela pesquisa para o planejamento e aprimoramento da aliança. Foi desenvolvido, assim, o Instrumento de Monitoramento de Alianças: (Fischer, 2003:13).

1. Avalie sua organização nos seguintes aspectos, atribuindo-lhes um valor no quadro abaixo (—, - , +, ++):

   - Objetivos: Fixamos com a nossa parceira objetivos periodicamente e em conjunto?
   - Contrato: Conseguimos chegar a acordos claros e inequívocos, escritos ou verbais, sobre nossos direitos e obrigações?
   - Fidelidade ao contrato: Nos mantemos nos acordos estabelecidos ou comunicamos oportunamente as mudanças produzidas?
   - Vantagens: Extraímos vantagens da relação de cooperação (políticas, materiais, financeiras)?
   - Confiança: Informamos ativamente sobre nossas intenções?
   - Comunicação: Oferecemos interlocutores, reagimos com a maior rapidez possível e colocamos à disposição os meios de comunicação e os interlocutores apropriados?
   - Conflitos: Abordamos diretamente e imediatamente os conflitos e oferecemos soluções possíveis?

2. Responda às mesmas questões no que se refere a como você avalia a sua organização parceira (Ex: "Nossa parceira fixa conosco objetivos periodicamente e em conjunto?", "Ela consegue chegar a acordos claros sobre direitos e obrigação?"). Atribua os valores a cada aspecto no quadro.

3. Identifique e analise os pontos que são mais importantes para sua organização, mas perceba também os aspectos nos quais a "distância" entre sua organização e a parceira é maior. Aí, certamente, há uma forte possibilidade de que venham a explodir conflitos.

4. Coloque-se no lugar da organização parceira e procure entender sob este ponto de vista de que modo ela avalia ou explica os problemas que você identifica como mais importantes ou os aspectos mais "explosivos". Reconheça com naturalidade a existência de interesses diferentes e avalie se continuam tornando válida e proveitosa a relação ou não.

5. Procure eleger um ou dois aspectos prioritários a serem enfrentados, levando em consideração que nem sempre é possível resolver tudo de uma vez e que alguns problemas podem ser a causa de outros.

6. Não localize apenas os problemas. Imagine soluções possíveis, mas não apenas para serem adotadas pelo outro. Procure identificar o que você pode fazer ou mudar para enfrentar o problema.

7. Procure a sua parceira e proponha a ela uma conversa sobre os pontos que você está interessado em discutir juntos. Sugira a ela que faça uma avaliação ou exercício semelhante. Se a relação for suficientemente madura a ponto de todos ouvirem com respeito as opiniões que têm umas sobre as outras, seria bastante positivo confrontar as visões.

8. Prepare adequadamente a discussão. Estabeleça de comum acordo qual problema vai ser objeto de discussão. Esteja atento ao clima da discussão e decida como vai lidar com ele. Defina precisamente qual o objetivo da reunião: iniciar o diagnóstico comum? Chegar já a uma solução? Respeite os tempos necessários para a tomada de decisões. Consensos frágeis costumam durar somente até o dia seguinte (Valarelli, 2003).

- o foco da relação; se está centrada em problemas sociais prioritários, ou se está centrada em problemas sociais secundários;

- o alvo das ações; se focalizado para as comunidades e populações-alvo, ou se disperso para diversas comunidades e segmentos populacionais;

- a natureza das ações; se são ações de inserção ou de fomento ao desenvolvimento social ou voluntariado;

- o escopo da relação; se restrita a um único órgão ou entidade, ou se mais ampla, envolvendo diversos parceiros;

- o impacto das ações; se contribui para a melhoria da qualidade de vida da população ou se, além disso, também contribui para o desenvolvimento sustentável da comunidade local ou regional (Melo Neto, 2001:123-124).

(...) é preciso avaliar os parceiros, deles verificando: atuação, tempo de existência, credibilidade, imagem, missão, valores, intencionalidade ética, capacidade de investimento, saúde financeira, recursos humanos qualificados, projetos já desenvolvidos (Noleto, 2000:19).

5. Breve olhar sobre a prática

5.1. Introdução

O capítulo a seguir apresenta a síntese das entrevistas com os responsáveis por organizações que realizam ações de intervenção social de forma compartilhada. Seu propósito é enriquecer a análise da literatura a partir de um olhar sobre o cotidiano dessas organizações que vivenciam concretamente relações de aliança e parceria.

As entrevistas procuraram verificar a percepção desses atores a respeito das mesmas 11 categorias utilizadas na leitura e análise das publicações constantes da amostra selecionada.

As observações feitas a seguir não objetivam analisar as práticas segundo suas temáticas, seus objetivos, resultados e processos. A intenção é fornecer insumos à reflexão por meio do relato das aprendizagens de seus atores, que gentilmente concordaram em contribuir com esta publicação.

O objetivo sempre foi o de garantir a opinião das duas organizações integrantes de cada uma das cinco parcerias indicadas pelo Comitê de Pesquisa e pelo Grupo Gestor da Aliança Capoava.

A escolha dessas parcerias levou em consideração experiências originárias de diferentes regiões do país e compostas por organizações com características institucionais distintas – ONG e Fundação Empresarial; ONG e Empresa Multinacional; ONG e Empresa Local; e Fundação Empresarial e Empresa Nacional.

5.2. Experiências entrevistadas

5.2.1. Projeto Geração XXI - SP

Parceiros: Geledés - Instituto da Mulher Negra (www.geledes.org.br) e Fundação BankBoston (www.bankboston.com.br)

O Projeto Geração XXI é uma ação afirmativa em educação que toma 21 adolescentes negros como sujeitos de direitos, do último ano do ensino fundamental até a conclusão da universidade, promovendo condições de aprendizado e desenvolvimento de talentos, acesso a novas linguagens, línguas estrangeiras e à tecnologia, por meio dos programas de suplementação escolar, cidadania e cultura, comunicação, acompanhamento familiar e benefícios diretos.

5.2.2. POEMA - PA

Parceiros: Programa Pobreza e Meio Ambiente na Amazônia (www.ufpa.br) e DaimlerChrysler (www.daimlerchrysler.com)

O POEMA nasce no âmbito da Universidade Federal do Pará, vinculado ao Núcleo de Meio Ambiente (Numa) em janeiro de 1992. Surge com a proposta de experimentar, sistematicamente, formas inovadoras de cooperação entre a Universidade, o poder municipal e as populações vulneráveis da Amazônia. Seu intuito é contribuir para a geração e a implementação de vias de desenvolvimento sustentável para a Região Amazônica.

5.2.3. Projeto Seqüestro de Carbono - PR

Parceiros: SPVS – Sociedade de Pesquisa em Vida Selvagem e Educação (www.spvs.org.br) e General Motors do Brasil (www.gm.com)

Executados em parceria com a organização não-governamental The Nature Conservancy (TNC) e com as empresas American Electric Power, Chevron Texaco e General Motors, os projetos de "seqüestro de carbono" desenvolvidos pela SPVS contribuem para combater o fenômeno do aquecimento global e, ao mesmo tempo, ajudam a conservar o maior remanescente da Floresta Atlântica brasileira. Os projetos desenvolvidos pela SPVS consistem em manter áreas naturais bem preservadas e, no caso de áreas degradadas, permitir sua regeneração florestal ou restaurá-las por meio do plantio de árvores nativas da Floresta Atlântica.

5.2.4. Projeto Rio Cuiabá Mais Limpo - MT

Parceiros: Ecotrópica - Fundação de Apoio à Vida nos Trópicos (www.ecotropica.org.br) e Refrigerantes Marajá (www.marajarefrigerantes.com.br)

A ECOTRÓPICA – Fundação de Apoio à Vida nos Trópicos – é uma organização não- governamental, ambientalista, sem fins lucrativos, instituída em Cuiabá-MT em 1989. Tem como missão contribuir para a conservação dos recursos naturais e a manutenção da qualidade de vida nos ecossistemas tropicais. A Refrigerantes Marajá investe continuamente em projetos sociais e ambientais, com políticas que visam dar valor à organização e às pessoas. Uma dessas políticas abrange a escolha de fornecedores com base na qualidade, nível tecnológico e responsabilidade social e ambiental. O compromisso com o meio ambiente inclui o Sistema de Tratamento de Efluentes, além de ações de conscientização com programas de coleta seletiva de lixo e reciclagem.

5.2.5. Projeto Formare – PB

www.formare.org.br

Parceiros: Fundação Iochpe e Coteminas/PB

O Projeto Formare é dirigido a jovens em situação de risco social, voltado para a área da educação. Transformado em uma franquia, o projeto compreende 56 escolas tecnológicas que operam junto a empresas, já formou mais de 2.000 jovens, sendo que 80% encontram-se colocados no mercado de trabalho.

5.3. Síntese dos resultados

Para os entrevistados, um dos principais aprendizados advindos da prática de alianças e parcerias diz respeito à compreensão de que é necessário respeitar a cultura institucional de cada organização.

Entretanto, apesar de fundamental, isso não é suficiente para um bom desenvolvimento cotidiano do trabalho. É preciso estar aberto ao diálogo e, sobretudo, levar sempre em consideração que atrás das estruturas operacionais há sempre indivíduos.

É nessa percepção que, segundo eles, está baseada a construção dos laços de confiança, elemento determinante para o sucesso de uma intervenção social realizada conjuntamente por organizações diferentes.

Identifica-se que nestas práticas, os conceitos de alianças e parcerias não estão claramente definidos e tampouco a distinção no uso desses termos. Entretanto, essa não é considerada por eles uma questão relevante. Avaliam ser suficiente saber que fazem a construção de sinergias em prol de um objetivo comum e a isso dão o nome de parceria. No entanto, consideram ser necessário melhor explicitar junto aos parceiros as expectativas e valores envolvidos na busca desse objetivo comum.

As respostas permitem inferir também que outro aprendizado derivado da atuação em parceria é que é possível realizar um trabalho conjunto sem que, necessariamente, os valores sejam os mesmos. Para tanto, é preciso criar canais de diálogo entre "fazeres diferentes".

Entretanto, a prática evidencia que para a efetivação de alianças e parcerias é necessário a consideração prévia de alguns aspectos concretos, entre eles: o alinhamento das expectativas, o planejamento e os critérios de avaliação. Ressalvando-se que, como em toda ação na área social, deve-se lidar com eles de maneira bastante flexível.

Diversos outros aspectos afirmados nas entrevistas estão em consonância com o que foi destacado na literatura, entre eles a importância da comunicação em todos os níveis que, segundo os entrevistados e os autores, responde por boa parte do sucesso de um trabalho conjunto.

Outro ponto assinalado por ambos é a necessária simetria na relação de poder. Para eles, não se justifica nenhum desequilíbrio entre parceiros, mesmo que sejam organizações distintas entre si, já que o poder não pode ser definido apenas pela posição econômico-financeira de uma organização.

Finalmente, os integrantes das experiências analisadas ressaltam que a existência de organizações capazes de intermediar as relações e o diálogo entre organizações da sociedade civil e empresas é um importante elemento facilitador da junção de parceiros tão diferentes. Por esse motivo, entendem ser decisivo que se criem condições para a manutenção e a qualificação desse diálogo, especialmente pela via da geração de novas informações e novas idéias sobre o tema.

5.4. Aplicação das categorias de análise às práticas entrevistadas

5.4.1. Contexto – ambiente sociopolítico e econômico no qual as alianças e parcerias estão inseridas

Quando perguntados sobre as relações entre os motivos que os levaram ao trabalho em parceria e a conjuntura social e político-econômica, os parceiros originários do setor empresarial referiram-se em geral aos seguintes aspectos:

- a construção de relações entre os setores como uma necessidade inerente à geração do desenvolvimento, em face das dificuldades do Estado na resolução das questões sociais e econômicas;
- o estabelecimento de parcerias e alianças inserido na lógica da complementaridade, ou seja, necessidade de somar competências e esforços;
- a parceria com as ONGs como um elemento facilitador no desenvolvimento de projetos de responsabilidade social empresarial, liberando a empresa da exigência de executar diretamente as ações sociais;
- a construção de parcerias como um benefício para a imagem da empresa.

Indagados sobre a mesma questão, os parceiros ligados às ONGs e Fundações fizeram os seguintes destaques:

- As organizações da sociedade civil precisam, na atual conjuntura, garantir a sustentabilidade de suas ações. Nesse sentido, devem estabelecer pontes com organizações ligadas ao mercado como forma de buscar competências e agregar valor ao seu trabalho.

- As ações desenvolvidas pelas ONGs alcançam uma microescala do público de interesse, razão pela qual as articulações com diferentes setores tornam-se necessárias, como forma de se obter a ampliação do impacto de suas intervenções sociais.
- A integração institucional fortalece a gestão e contribui para que as ações alcancem os resultados esperados.
- As empresas também podem ser compreendidas como um ambiente de aprendizagem e constituem um lócus educativo para a população em geral.
- O estabelecimento de parcerias pode se tornar uma fonte de sobrevivência para as OSC e ao mesmo tempo liberar as empresas da necessidade de estruturar uma equipe técnica específica e/ou da execução direta de projetos sociais.

Ainda com referência ao contexto, observa-se que na percepção dos entrevistados as alianças e parcerias refletem um cenário de mudanças, no qual estão sendo revistos os papéis dos setores e das organizações. No caso das empresas, afirmam haver mudanças especialmente no que diz respeito ao conceito da responsabilidade social corporativa. No tocante às ONGs e Fundações, surge a necessidade de que elas garantam sua sustentabilidade e ampliem o impacto de suas ações.

Embora os motivos destacados pelos parceiros empresariais não sejam necessariamente coincidentes com os das ONGs e Fundações, pode-se perceber que tampouco são conflitantes. Ressalvados os matizes, ambos apontaram a idéia de formação das alianças e parcerias como necessidade de troca ou soma de competências distintas e a constatação do benefício mútuo delas resultante – melhoria da imagem para as empresas e garantia de sobrevivência financeira para as ONGs.

É importante ressaltar que as características das parcerias entrevistadas são muito diversas entre si, como veremos a seguir, o que significa que os seus motivos podem não ser generalizáveis. Assim, por exemplo, se em alguns casos a isenção da empresa na execução de ações sociais é considerada como um motivo para estabelecer parcerias, em outros é a própria corporação empresarial que coordena ou executa diretamente a intervenção.

Partindo das manifestações dos responsáveis por essas práticas, pode-se deduzir que dois pontos de vista sobressaem na compreensão da relação entre a formação de alianças e parcerias e o cenário social: 1) uma visão macro, em que aparecem como reflexo ou resposta às alterações nos papéis dos diferentes setores sociais; e (2) numa perspectiva micro, em que as alianças e parcerias emergem como processos de captação de recursos e de estratégias de marketing ou como instrumentos de obtenção de múltiplos benefícios mútuos.

5.4.2. Diagnóstico – como andam as parcerias e alianças no Brasil

Observando-se o diagnóstico situacional elaborado por parte dos entrevistados infere-se que alguns dos elementos considerados para a análise das alianças e parcerias no Brasil, presentes nas publicações, manifestam-se também na prática. Entre eles merecem destaque as dificuldades no equilíbrio das relações de poder, a necessidade de superação dos preconceitos e as questões culturais.

Já outro aspecto bastante salientado na literatura – a tendência crescente entre as empresas para a operação direta ou estabelecimento de parcerias com organizações criadas por elas próprias – não apareceu em nenhum dos relatos. Apenas em um dos casos encontra-se a existência de uma organização intermediária.

5.4.3. Conceitos – significados e distinções entre alianças e parcerias

De acordo com as entrevistas feitas, no cotidiano das alianças e parcerias observa-se a convivência com a mesma diversidade de compreensões e conceitos para esses termos presente na literatura brasileira.

Assim, numa síntese das manifestações, pode-se dizer que alianças e parcerias aparecem como sinônimos, uma articulação de parceiros de diferentes setores; ou como conceitos distintos, definindo-se as alianças – em contraponto às parcerias – como uma construção conjunta que vai desde a missão até o objetivo final da ação, trazendo benefícios mútuos para seus integrantes.

Especialmente na perspectiva dos representantes do setor empresarial, alianças e parcerias não são explicitamente conceitos distintos. Para eles, independente da expressão adotada, a prática implica a busca do desenvolvimento não só social como também dos projetos e das pessoas. Além disso, adotar esse caminho pressupõe assumir riscos em conjunto.

Há referências também ao desgaste do termo *parceria*, que teria, na prática, se transformado em um *negócio*, envolvendo vários interesses, muitas vezes com o objetivo exclusivo de captação de recursos.

Ainda que "não tenham pensado muito sobre isto", os parceiros das ONGs referiram uma preferência pelo uso da expressão parceria. Uma das hipóteses levantadas compreendia que, enquanto nas alianças as crenças e valores são partilhados pelas organizações que as compõem, as parceiras revelam-se como algo mais circunstancial, sem a necessidade de compartilhamento de todos os valores.

Nesse sentido, para os representantes das organizações sociais a parceria entre ONGs e empresas torna-se algo mais viável, já que nem sempre a busca compartilhada de um objetivo social comum significa a incorporação de valores e posturas implícitos na prática interna das empresas. Por exemplo, projetos sociais de ação afirmativa que não necessariamente são transformados em políticas internas.

Vale frisar que para as duas fundações entrevistadas, alianças e parcerias são claramente conceitos distintos. Para seus representantes, a aliança é compreendida como algo estratégico, de longo prazo, ligado a uma causa e não necessariamente a um projeto, normalmente desenvolvida entre organizações similares, que não possuem de forma obrigatória competências diferentes. Já a parceria está ligada à soma de competências com o objetivo de se atingir uma meta comum, caracterizando se muito mais como busca de um parceiro executor, que irá tornar factível a ação social.

Todas as organizações entrevistadas denominam *parceria* o trabalho em conjunto. Encontra-se a expressão *aliança* apenas em uma das entrevistas, que tem como um de seus grandes propósitos a construção de alianças para a vida, embora a expressão não tenha sido aplicada para a experiência tratada nesta publicação.

A maneira pela qual as organizações parceiras – empresas, ONGs e fundações – compreendem a sua prática encontra similaridade com o resultado do mapeamento feito das publicações. Se nas entrevistas são as fundações as que mais expressam preocupação com a definição dos conceitos de alianças, ao contrário do observado entre empresas e ONGs, também na literatura observa-se algo semelhante. O grosso da produção literária brasileira sobre o tema é de autoria de organizações promotoras de encontros, congressos e simpósios, geralmente ligadas ao terceiro setor, campo onde se inserem as fundações empresariais.

Vale notar que o aumento das publicações, verificado entre 2000 e 2002 e o posterior decréscimo a partir desse período, pode sugerir que estes conceitos tenham sido introduzidos na prática social de fora para dentro, ou seja, como incorporação de novas expressões para designar práticas já existentes. Reforça essa assertiva o fato de hoje se encontrar em algumas organizações brasileiras áreas intituladas "alianças e parcerias" em substituição à expressão "captação de recursos" usada anteriormente.

As diferentes maneiras de se compreender e as variadas formas de exprimir a prática de parcerias e alianças têm importância não apenas pelo seu aspecto conceitual ou semântico. Essa questão tem ainda mais sentido para a reflexão de suas implicações no processo de formação e gestão das parcerias e alianças, principalmente se considerada a importância do alinhamento prévio de expectativas, a clara definição dos papéis e os valores presentes no desenvolvimento do trabalho em conjunto.

5.4.4. Características – aspectos fundamentais das alianças e parcerias entre OSC e empresas

Não é possível afirmar que as composições (ONG e Fundação Empresarial; ONG e Empresa Multinacional; ONG e Empresa Local; e Fundação Empresarial e Empresa) das parceiras estudadas determinem em si suas características, diversas quanto à forma e aos objetivos.

Entretanto, aspectos como o grau de autonomia, de consolidação da identidade e de desenvolvimento institucional parecem influenciar em alguma medida a identidade da própria parceria. Exemplo disso é o de uma das organizações que enfrenta desafios referentes à construção da sua autonomia e identidade e com isso gera dificuldades na definição dos papéis a serem exercidos na relação de parceria.

Em outro caso verifica-se que a parceria gerou, a partir de seu desenvolvimento, a criação de uma nova organização empresarial, que assumiu novos papéis. Há ainda casos em que a empresa e a ONG se misturam e o responsável pela empresa integra-se à própria ONG, ocasionando obstáculos à consolidação da sua autonomia e identidade. Em contrapartida, quando os papéis são claramente definidos a partir de competências específicas, aparentemente as dificuldades tendem a diminuir.

As parcerias entrevistadas estão estruturadas em torno de projetos, plano de negócios, relação comercial e franquia. Em duas delas soma-se ainda o apoio institucional e em uma verifica-se a interferência de uma terceira instituição com papel importante na aproximação dos parceiros.

O olhar sobre as características de cinco parceiras e alianças levanta questões significativas para o propósito de verificar os elementos centrais capazes de caracterizar um trabalho em conjunto. O tempo de duração e a experiência acumulada ao longo do processo de interação entre os parceiros são dois desses pontos fundamentais.

Outros elementos importantes e que por vezes superam em muito a questão do tempo são a clareza na definição dos propósitos e dos papéis de cada um, a explicitação dos interesses envolvidos e as características singulares de cada uma das organizações que compõem a parceria.

Pelo menos na maioria das práticas observadas nesta publicação, não se confirmou uma assertiva presente de forma reiterada na literatura e citada pelos próprios entrevistados: a de que as alianças e parcerias entre organizações da sociedade civil e empresas se dão a partir de relações de troca mais ou menos definidas – a empresa fornecendo os recursos financeiros e competências de gestão e as organizações da sociedade civil aportando competência técnica e capacidade de execução.

Constatamos em duas delas o fato de que a empresa não busca na parceria um parceiro executor já que ela própria é responsável pela execução das ações, cabendo à ONG fornecer a marca e/ou a capacidade de mobilização e de gestão do projeto.

A seguir apresentamos a síntese dos resultados conforme os tópicos surgidos a partir da análise das manifestações colhidas nas entrevistas.

5.4.4.1. Tempo

O tempo de existência das parcerias entrevistadas varia entre dois e 12 anos e o tempo de duração previsto para o trabalho em conjunto entre 10 e 40 anos. Vale ressaltar que três delas não têm prazo definido e externaram a expectativa de continuar trabalhando em parceria por muitos anos. Pode-se assim considerar que nenhuma das experiências está estruturada ou planejada para ser finalizada no curto prazo, embora nem sempre exista um planejamento claro das ações e resultados previstos para longo prazo.

5.4.4.2. Estrutura

- **ONG e Fundação Empresarial – Geledés e Fundação BankBoston**
  Com duração prevista para nove anos e vivendo o seu quinto ano de existência, a parceria foi construída de forma conjunta e está organizada em torno do projeto **Geração XXI**. A Fundação BankBoston é responsável pelo apoio financeiro e técnico, participa da elaboração do planejamento, da aprovação e destinação de recursos, além da condução estratégica das ações. Disponibiliza recursos financeiros e técnicos para as ações e é responsável por 95% do custo total do projeto, estimado em R$ 850 mil por ano. A execução das ações é de responsabilidade do Geledés, que planeja, divulga, estrutura as atividades cotidianas e as executa. A parceria envolve outras organizações parceiras, como a Fundação Cultural Palmares – organização governamental, atualmente em processo de reaproximação – e fornecedores do BankBoston, que são mobilizados pela própria corporação e fornecem assistência médica e vale-alimentação para os jovens integrantes do projeto e suas famílias.

- **ONG e Empresa multinacional – Poema e DaimlerChrysler**
  A parceria existe desde 1991 e não tem prazo estipulado para sua duração. Atualmente, já como resultado do trabalho inicial, está estruturada como uma relação comercial, organizada em torno de um projeto industrial. No âmbito da parceria foi instalada uma fábrica (cadeia produtiva com fibras de coco) na região, que é administrada localmente por uma empresa com fins lucrativos, cujos produtos são comprados pela DaimlerChrysler. Somam-se interesses mútuos comerciais e de pesquisa que resultam em uma relação empresa-empresa. A DaimlerChrysler forneceu em comodato o maquinário, e a pesquisa foi coordenada pelo Poema, que é um Programa da Universidade Federal do Pará. O valor do investimento mútuo feito na fábrica está em torno de R$ 13 milhões, o que não inclui os recursos utilizados para a pesquisa inicial, estimados em aproximadamente US$ 1 milhão.

- **ONG e Empresa local – Fundação Ecotrópica e Refrigerantes Marajá**
  Iniciada em 2002, a parceria não tem prazo definido para terminar e estrutura-se como apoio a projetos, como por exemplo o do *Rio Cuiabá Mais Limpo*, e simultaneamente como apoio institucional da empresa Refrigerantes Marajá à Fundação Ecotrópica. As ações do Projeto Rio Cuiabá Mais Limpo são atualmente desenvolvidas pela empresa. A Fundação Ecotrópica oferece a logomarca e a cessão do barco que é utilizado para o trabalho de coleta de lixo e

resíduos jogados no rio Cuiabá. O presidente da empresa é atualmente membro do conselho da fundação e contribui na captação de recursos para a instituição. Parte dos recursos para a manutenção anual do projeto, da ordem de R$ 150 mil, vem da venda do material retirado do rio e o restante é financiado diretamente pela empresa, não havendo o envolvimento de outros parceiros.

- **ONG e Empresa multinacional – SVPS e General Motors**
  Iniciada em 2001 e com previsão de duração até 2041, esta parceria entre a SPVS – Sociedade de Pesquisa em Vida Selvagem e Educação e a General Motors do Brasil está estruturada em torno do Projeto Seqüestro de Carbono, desenvolvido em conjunto com a organização não-governamental The Nature Conservancy (TNC) e as empresas American Electric Power e Chevron Texaco. O contrato de parceria baseia-se em um plano de negócios, no qual a General Motors é responsável pela liberação de recursos, US$ 10 milhões, que ficam sob a guarda da TNC, que, além de ter sido a responsável pela apresentação do projeto à empresa automobilística americana, é também parceira técnica da SVPS nesta iniciativa. A SPVS desenvolveu o plano de negócios e é responsável pela sua execução.

- **Fundação empresarial e empresa – Fundação Iochpe e Coteminas (PB)**
  O projeto original teve início em 1987 e doze anos mais tarde passou a contar com empresas parceiras não pertencentes ao Grupo Iochpe. A parceria hoje se estrutura como uma franquia social (Formare), na qual a Fundação Iochpe assume o papel de parceira técnica, fornecendo a metodologia, a proposta de currículo, a capacitação e o acompanhamento. A execução do trabalho com os jovens é feita pela empresa parceira. Na Coteminas (PB), empresa entrevistada para esta pesquisa, o projeto foi iniciado em 2003 e há previsão da continuidade na formação de novas turmas de jovens, cuja duração é de 12 meses. O projeto é desenvolvido dentro da empresa, que é responsável por toda a execução, infra-estrutura, disponibilização de seus funcionários durante o horário de trabalho para realizar as atividades do projeto e a concessão de bolsa-auxílio para os jovens. O custo médio do projeto para a empresa gira em torno de R$ 80 mil anuais.

5.4.4.3. Grau de formalização

Todas as parcerias entrevistadas possuem algum grau de formalização, geralmente por meio da assinatura de termos ou contratos de parcerias. Em alguns casos o contrato, embora exista, está com data vencida e com montante do aporte defasado. A partir do que pôde ser observado isso não se configura como um problema, pois coexistem com tranqüilidade procedimentos formais e informais.

5.4.4.4. Objetivos, metas e estratégias em comum

São claramente compartilhados entre os parceiros, objetivos, metas e estratégias pertinentes aos projetos e/ou ações desenvolvidos em conjunto. Entretanto, nem sempre são coincidentes os propósitos que impulsionam o trabalho em parceria ou aqueles que dizem respeito à compreensão sobre seus objetivos sociais mais amplos, como impactos no desenvolvimento ou de transformação social.

5.4.4.5. Complementaridade institucional

Este aspecto foi o mais evidenciado nas entrevistas feitas. Percebe-se uma busca por parceiros que agreguem competências diferentes, conhecimento técnico e capacidade de investimento. A composição de diferentes capacidades e competências parece se dar a partir de interesses nem sempre coincidentes, mas que em algum ponto se encontram em prol de um projeto comum.

5.4.4.6. Identidade de valores

Há um reconhecimento de que não existe identidade de valores entre os parceiros, embora existam similaridades, já que as expectativas e missões institucionais são diferentes. A empresa geralmente voltada para competitividade e lucro e as organizações da sociedade civil dirigidas para questões sociais. Percebe-se também que não existe a compreensão de que seja indispensável que esses valores sejam idênticos, mas que é suficiente que sejam compatíveis apenas na ação que se pretende desenvolver.

5.5. Pré-requisitos – competências essenciais e variáveis de sucesso de alianças e parcerias

Confiança, diálogo e flexibilidade – aspectos mais pertinentes a valores – são os pré-requisitos principais para a existência, o sucesso e a sustentabilidade de parcerias e alianças, segundo os representantes das empresas, ONGs e Fundações entrevistados.

As ONGs e Fundações enfatizaram ainda aspectos como transparência, interação, flexibilidade e autonomia dos parceiros. Já os entrevistados do setor empresarial citaram a vontade e a confiança crescentes como elementos determinantes para a formação e continuidade das alianças e parcerias.

Itens muito presentes nas publicações analisadas, tais como a comunhão de valores institucionais, competências técnicas, organizacionais e financeiras, não foram citados como pré-requisitos pelos entrevistados que experimentam na prática a intervenção social conjunta.

Outro aspecto muito citado na literatura, a articulação com a população interessada, considerada por alguns autores como condição para a sustentabilidade das ações em parceria, obtiveram poucas referências.

Nem sempre as opiniões dos parceiros são coincidentes no que se refere ao planejamento em conjunto como um pré-requisito para o sucesso das alianças e parcerias. Alguns afirmam que tudo foi planejado em conjunto, outros que não, revelando uma possível divergência de compreensão quanto ao que venha a ser o processo de planejamento em si.

Entre as recomendações dos entrevistados para se obter sucesso na formação e condução das parcerias, destacam-se:

- encontrar na empresa ou na fundação parceira a pessoa certa para o diálogo;
- garantir que a empresa conheça e dê valor ao trabalho da ONG, para além do projeto em parceria;
- compreender e lidar com as diferentes culturas institucionais;
- salvaguardar a própria identidade institucional;
- ter flexibilidade e paciência;
- ter visão de longo prazo na obtenção de resultados;
- promover a comunicação em todos os níveis, entre parceiras e com o público em geral.

5.6. Objetivos – principais propósitos com a formação de alianças e parcerias

Os objetivos das parcerias citados na maioria das entrevistas pelos parceiros – ONGs, Fundações e empresas –, se confundem com os dos próprios projetos: desenvolvimento e formação de jovens, enfrentamento da discriminação racial, conservação da natureza, mudança da situação social, construção de exemplos, mobilização de pessoas, criação de oportunidades. Foi perguntado então quais os propósitos de se buscar concretizá-los especificamente em parceria.

As respostas podem ser resumidas e organizadas da seguinte maneira:

- Objetivos ligados à superação de limites operacionais das organizações – somar competências, encontrar um parceiro executor, abrir nichos de mercado, captar recursos.
- Objetivos ligados à potencialização da ação já existente – ampliação de ações de responsabilidade sócio-empresarial, articulação de parceiros que ajudem a construir referências que inspirem iniciativas similares.
- Objetivos ligados à efetividade da ação social – promover o desenvolvimento social.

5.7. Processo de formação de alianças e parcerias – motivações, etapas e procedimentos

Com o objetivo de levantar como ocorre na prática o processo de formação de uma parceria foi perguntado aos entrevistados quais os critérios mais utilizados para a escolha dos parceiros; qual a origem e a maneira pela qual o projeto foi desenhado e se houve etapas prévias para diagnóstico, alinhamento de expectativas e definição de um sistema de avaliação. Por último, procurou-se saber quais os principais desafios enfrentados ao longo do trabalho conjunto.

Segundo os representantes das ONGs, os principais critérios utilizados para a escolha dos parceiros são: credibilidade e comprometimento da empresa, capacidade e disponibilidade para o investimento e respeito aos critérios do projeto. Ainda que a execução do projeto fique a cargo da empresa, vários dos entrevistados consideram que a competência técnica deve ser originária da ONG.

Essa afirmativa também corresponde à opinião dos representantes das fundações e das empresas quando indagados sobre quais critérios utilizam para a escolha de seus parceiros. Eles enfatizam ainda a competência técnica, a experiência no tema – na ausência dessa, a criatividade da proposta pode ser um bom quesito a ser levado em consideração –, o conhecimento da causa e a credibilidade.

Dois outros critérios também foram considerados determinantes para os parceiros oriundos das empresas: a dedicação das pessoas envolvidas no trabalho e a regularidade da organização parceira no que diz respeito às questões legais.

Sobre a origem da proposta de se trabalhar em conjunto, na experiência de quatro parcerias entrevistadas, não só a iniciativa como também a própria idéia do projeto partiram da empresa, da fundação ou de uma universidade. Na outra experiência restante a iniciativa era originária de uma organização internacional.

Quanto à construção do desenho dos projetos – definição de objetivos, metas e ações –, foram encontradas situações em que ele foi elaborado em conjunto – embora nem sempre haja concordância entre os parceiros sobre se isso de fato ocorreu – e situações nas quais o estabelecimento do contrato de parceria se deu após a elaboração da proposta feita pela ONG. A franquia social configura-se como uma exceção visto que a proposta já chega pronta às empresas.

No tocante à existência de alinhamento prévio de expectativas e de diagnóstico conjunto sobre a realidade social na qual se quer atuar, aspectos apontados pela literatura como vitais para o sucesso de alianças e parcerias, as respostas dos entrevistados indicam que na maioria das experiências isso simplesmente não ocorreu.

Para alguns parceiros a ausência desses elementos gerou dificuldades no decorrer do trabalho. Como exemplo foi citada a existência de compreensões divergentes sobre o que venha a ser o sucesso do projeto, ocasionadas pelo não-alinhamento prévio das expectativas quanto aos resultados a serem alcançados.

Quanto ao conhecimento prévio do cenário social no qual se queria atuar, em alguns casos o ponto de partida foi o diagnóstico sobre o tema já existente na ONG, considerada pela empresa como o parceiro que detém a *expertise* no assunto. Em outros casos, o diagnóstico não foi feito.

Como veremos adiante, de maneira mais aprofundada, segundo os entrevistados a definição prévia e conjunta de um sistema de monitoramento e avaliação não é uma prática freqüente no processo de formação de alianças e parcerias. Embora em alguns casos o desenho do projeto feito pela ONG inclua critérios e procedimentos avaliativos, em uma experiência na qual isso foi prévia e conjuntamente definido não houve continuidade.

Os parceiros representantes das ONGs foram os que deram maior ênfase aos principais desafios vividos no processo de construção de parcerias, que podem ser assim resumidos:

- encontrar o equilíbrio entre os conceitos (sobre sustentabilidade social e ecológica, diversidade etc.) dos diferentes parceiros;
- encontrar o ponto de convergência entre valores e missões diversos;
- estabelecer responsabilidades claras entre as partes;
- construir um objetivo em comum;
- comunicação e entendimento intra e extraparceria.

Entre os desafios apontados pelas fundações empresariais, o destaque foi dado para a necessidade de compartilhamento da coordenação do projeto com a ONG que, segundo elas, muitas vezes "prefere apenas receber o dinheiro".

Já para os representantes empresariais que relataram alguma dificuldade, a ênfase foi para a distância física dos parceiros e a necessidade de superação de preconceitos mútuos.

Entre as recomendações para se superar esses obstáculos aparecem a abertura para o diálogo, o "jogo de cintura" e o aprendizado sobre os mecanismos de funcionamento dos parceiros. Como elementos facilitadores foram reforçadas as idéias do conhecimento prévio e pessoal entre os parceiros, bem como a existência de uma organização–ponte, que faça a intermediação entre eles.

5.8. Gestão – equilíbrio de poder e administração de culturas e racionalidades distintas

Nessa categoria, procurou-se saber dos entrevistados a maneira pela qual a divisão de tarefas e responsabilidades é feita, qual é o papel de cada parceiro, quais os mecanismos de planejamento e as formas e ferramentas de comunicação utilizadas.

Os itens a seguir resumem de maneira agregada as principais opiniões externadas pelos representantes de organizações da sociedade civil e empresas quanto a desafios e soluções encontradas na gestão das alianças e parcerias analisadas:

- ênfase das empresas na questão hierárquica, compreendida como um elemento revelador das diferenças entre as culturas organizacionais, o que gera desconfortos;
- manutenção da autonomia institucional na relação de parceria;
- comunicação;
- viabilidade financeira de longo prazo;
- alinhamento das expectativas ao longo do processo;
- definição clara dos papéis;
- superação dos preconceitos.

Como se pode notar, essas questões são semelhantes àquelas vivenciadas no início do processo de construção das parcerias, salientando mais uma vez a importância da definição prévia das expectativas e dos papéis.

Como observado anteriormente no item Características, especificamente sobre a divisão de tarefas e responsabilidades, foi encontrada uma grande variedade de experiências em apenas cinco parcerias. As possibilidades variam desde a empresa desempenhar o papel de financiador até assumir a execução das atividades do projeto.

Com relação à comunicação observa-se que fundações e ONGs contam com coordenadores para o projeto que fazem a ponte entre os parceiros e se responsabilizam pelo fluxo geral de informações. Já as empresas recebem as informações por meio de reuniões regulares, contatos diários ou até via participação direta nas atividades. Além disso, dispõem de relatórios periódicos (semanais, semestrais ou anuais).

O planejamento conjunto é um aspecto pouco valorizado. Na maioria das vezes o planejamento é feito anualmente pela organização executora e monitorado em reuniões de acompanhamento pelos demais parceiros.

5.9. Classificação – tipologias existentes para alianças e parcerias

Na prática, existem fases que podem caracterizar momentos distintos nas dinâmicas das parcerias, a idéia do *continuum* ou evolução? Para se obter resposta a essa questão foi indagado aos entrevistados quais as mudanças (de objetivos, características, papéis) relevantes percebidas nas parcerias ao longo do tempo de sua implementação.

Alguns parceiros consideram que as características mudaram, mas, sobretudo, no que se refere à convivência, que tende a ficar mais estável com o passar do tempo. A definição dos papéis melhora, tornando-os mais flexíveis, o que faz com que diminuam as interferências, os ciúmes e as incompreensões. Algumas vezes isso melhora apenas porque é encontrado o interlocutor certo na organização parceira.

Referem-se também a uma fase inicial na qual o projeto pode não acontecer na velocidade ou capacidade potenciais, uma fase de conhecimento e de ajustes. Em síntese, quando as relações evoluem e amadurecem, instala-se a confiança.

Em outros casos, as mudanças referem-se às próprias fases dos projetos, que mudam em decorrência de sua evolução. Podemos notar que, nestas práticas, as fases tratam menos do grau de complexidade, participação ou de alterações de visões, e mais do amadurecimento das relações e do próprio projeto.

Verifica-se também nestas práticas a dificuldade de se encontrar lógicas ou tipologias em parcerias tão diversas entre si, tanto em relação ao tempo de duração, complexidade, objetivos e características institucionais quanto ao grau de maturidade de cada organização e de cada projeto.

5.10. Valores – a ética que norteia as alianças e parcerias

Assim como encontrado na análise das publicações sobre o tema, os valores citados como norteadores do trabalho em aliança e parceria são semelhantes aos pré-requisitos e às principais dificuldades apontadas. São eles:

- Comunhão com a missão;
- Comprometimento com a melhoria da qualidade de vida das pessoas;
- Co-responsabilidade com o público e a comunidade;
- Responsabilidade social e ambiental com o país e com a empresa;
- Respeito à diversidade;
- Transparência;
- Honestidade;
- Excelência de resultados.

Cabe notar que a confiança e a necessidade de construí-la no percurso da relação de parceria foram os itens mais citados por todos os entrevistados, chegando a ser classificados inclusive como valor.

5.11. Avaliação – critérios de apreciação dos parceiros, das relações, dos resultados e do impacto social

Nesta categoria procurou-se verificar como se realiza na prática o processo de avaliação do trabalho em conjunto e as opiniões dos entrevistados sobre a qualidade da parceria e dos seus resultados.

Em duas parcerias foram feitas referências a sistemas de monitoramento e avaliação do projeto realizado em conjunto, abrangendo critérios econômicos, sociais, ambientais e de aplicabilidade de insumos, que ficam sob responsabilidade do parceiro executor. Nas demais a avaliação é feita no cotidiano, sem ferramentas ou critérios específicos. Em alguns casos estão previstas avaliações externas.

Na opinião dos parceiros, os principais resultados do trabalho em conjunto envolvem ganhos de capital social, impacto nas comunidades, resultados particulares dos projetos e até satisfação pessoal. Os itens abaixo sintetizam as manifestações dos entrevistados quanto aos resultados das alianças e parcerias:

- articulação de parceiros em prol do desenvolvimento sustentável;
- impacto social pela via da construção de referências que podem ser disseminadas;
- impacto político;
- desenvolvimento das comunidades;
- a própria existência do projeto e de seus resultados;
- ganhos de imagem para a empresa;
- satisfação pessoal.

Em nenhum dos casos se observou a existência de instrumentos específicos ou mesmo de critérios construídos para a avaliação da própria relação de parceria.

Os entrevistados foram convidados a assinalar o grau de presença na parceria de cada um dos itens relacionados no quadro a seguir. Verifica-se nos dois exemplos a seguir que as respostas sugerem várias pautas de conversas e acertos entre os parceiros e que instrumentos simples, se aprimorados, podem ser utilizados para a construção do diálogo, já que nem sempre as percepções dos parceiros coincidem.

	Sempre	Quase sempre	Às vezes	Nunca
Equilíbrio nas relações de poder		O	X	
Transparência		O X		
Respeito	O	X		
Confiança	O X			
Participação	O	X		
Diálogo	O	X		
Interação	O	X		
Flexibilidade		O	X	
Autonomia dos parceiros	O		X	
Compromisso	O	X		

	Sempre	Quase sempre	Às vezes	Nunca
Equilíbrio nas relações de poder	O			X
Transparência	O			X
Respeito	O		X	
Confiança	O	X		
Participação	O		X	
Diálogo	O		X	
Interação	O		X	
Flexibilidade	O	X		
Autonomia dos parceiros	O X			
Compromisso	O X			

O empresa **X** ONG

6. Considerações finais

O mapeamento sobre a produção literária brasileira e esta publicação que traz os resultados encontrados foi um primeiro passo da Aliança Capoava. Nossa expectativa é que, ao facilitar o acesso à produção já existente, ela estimule a produção de mais reflexões sobre o tema, que, de forma crítica e abrangente, abarquem o confronto de idéias e de tendências.

Este trabalho nos oferece bons insumos para as próximas iniciativas. Entre o vasto leque de ações que podem ser desenvolvidas, entendemos ser prioritário o aprofundamento dos seguintes aspectos:

- **Dar ênfase à perspectiva das organizações da sociedade civil** – conforme já destacado, foi muito baixa a freqüência de trabalhos que tivessem como foco ou refletissem as concepções e práticas originadas no universo das organizações da sociedade civil. Reforçam essa observação as recomendações feitas pelos parceiros entrevistados ao propor que as organizações da sociedade civil sejam mais ouvidas e se conheça em maior profundidade o seu universo e formas de funcionamento.
- **Dar voz à articulação com a população interessada** – esse foi outro aspecto pouco privilegiado pelos autores ao analisar o envolvimento da população interessada nos processos de formação, gestão, planejamento, acompanhamento e avaliação das alianças e parcerias.
- **Lidar com as diferenças das culturas organizacionais** – Se é um princípio que à intenção de construção de novas formas de relações deve corresponder uma nova filosofia de gestão, seria interessante aprofundar questões sobre como lidar com distintas culturas de diferentes organizações; quais valores e caminhos podem ser construídos com este propósito; e quais os instrumentos e critérios de avaliação mais adequados a esse novo formato de relacionamento.
- **O impacto das alianças e parcerias no desenvolvimento social** – partindo-se do pressuposto de que alianças e parcerias objetivam provocar transformações na realidade social e não são um fim em si mesmas, acreditamos serem poucas as referências sobre qual a real transformação social que se está buscando com as práticas de alianças e parcerias e como elas estão efetivamente gerando impacto social.
- **A relação das alianças e parcerias com as políticas públicas** – Como na maioria da vezes o Estado está presente, de alguma forma, nas ações das alianças e parcerias entre organizações da sociedade civil e empresas cabe verificar a dimensão e a profundidade dessa interface.
- **Descentralização geográfica, tanto da prática quanto de estudos sobre o tema** – É fundamental que se criem estímulos para a produção do conhecimento sobre o tema em outras regiões além do Sudeste. Isso permitirá que se incorpore na reflexão questões próprias da diversidade regional brasileira e, com isso, sejam desenvolvidas estratégias de fomento à prática de alianças e parcerias em todas as regiões do país.
- **Maior intercâmbio do conhecimento** – Para que o conhecimento já produzido possa ser incorporado pelos diversos atores sociais em todas as regiões do Brasil, experimentados na prática de cada realidade e, dessa forma, enriquecidos e recriados, a realização de encontros, seminários e simpósios sobre o tema constituem-se num importante instrumento de circulação do conhecimento.

Esta publicação se insere numa das linhas de ação da Aliança Capoava, que é a sistematização e disseminação de informações e conhecimento. A partir dela e dos conhecimentos gerados, pretendemos iniciar a construção de um espaço de diálogo permanente e efetivo entre os diversos atores e produtores de conhecimento sobre os conceitos e práticas da intervenção social no Brasil, notadamente aqueles que envolvam parcerias e alianças entre organizações da sociedade civil e empresas. Muito embora tenha sido o primeiro, foi um passo decisivo e inspirador.

7. Opinião

Com a intenção de enriquecer a produção já existente na literatura, apresentamos a seguir três artigos exclusivos sobre o tema Alianças e Parcerias de Rosa Maria Fischer, Simone Tavares Coelho e Neylar Vilar Lins – que integraram o Comitê de Pesquisa da Aliança Capoava. A partir de suas experiências na área e dos resultados encontrados ao longo do mapeamento, as autoras foram instigadas a abordar questões e aspectos considerados essenciais para o desenvolvimento de alianças e parcerias e que receberam pouca ênfase na bibliografia brasileira catalogada nesta publicação.

Avaliando a avaliação

Rosa Maria Fischer*

Embora correndo o risco de ser criticada ou mesmo pouco compreendida acerca de minhas intenções, principio este texto colocando uma opinião. Mas preciso dizê-lo neste espaço e no contexto deste trabalho promovido pela Aliança Capoava: a avaliação é uma questão ideológica. E tendo dito, posso fazer algumas reflexões que ainda me são um pouco difusas, em razão da amplitude do conceito de avaliação, da diversidade de situações e finalidades às quais ele se aplica, e da complexidade do seu emprego para operar alianças estratégicas intersetoriais.

Comecemos pelo conceito – viés intelectual dos que se dedicam à pesquisa e à docência. Chianca (2001) o define como a coleta sistemática de informações sobre as atividades, os procedimentos e os resultados de um projeto ou programa social, visando "a identificação, esclarecimento e aplicação de critérios passíveis de serem defendidos publicamente para determinar o valor (mérito e relevância), qualidade, utilidade, efetividade [desse projeto] e gerando informações para prestar contas aos públicos interno e externo..."

Portanto, avaliar significa julgar; separar um elemento do universo em que se insere para, conforme determinados parâmetros, interpretar alguns aspectos que o constituem e que são eleitos por representarem sua essência. Elabora-se um julgamento que é relativo e dependente: de critérios e padrões oriundos de algum conhecimento estabelecido; de métodos e técnicas circunscritos a um paradigma filosófico e/ou científico; e de percepções próprias das pessoas envolvidas no processo.

Vale dizer que: o ato de avaliar, o processo de avaliação – qualquer que seja a metodologia adotada –, o objeto avaliado e a finalidade para a qual se avalia, bem como os diferentes atores sociais e organizações que compartilham essa vivência; todos estes elementos estão eivados dos padrões culturais e políticos prevalentes na sociedade. Nesta medida, refletem e reificam as crenças, os valores, as idéias e ideais com os quais esses protagonistas sustentam uma visão-de-mundo que, compartilhada, permite a construção de sua identidade social.

Ora, uma das primeiras questões que se colocam às proposições avaliativas é, portanto, "em qual contexto ideológico está enraizado este processo?" As alianças e parcerias são configurações organizacionais adotadas, no âmbito da atual reordenação internacional das relações econômicas

* Rosa Maria Fischer é Professora Titular da FEA/USP – Faculdade de Economia, Administração e Contabilidade da Universidade de São Paulo. Também é diretora do CEATS – Centro de Empreendedorismo Social e Administração em Terceiro Setor e do MBA Gestão e Empreendedorismo Social, ambos da FIA – Fundação Instituto de Administração.

e geopolíticas, para superar as limitações das ações que visam o desenvolvimento sócio-ambiental sustentável. A razão de sua existência se dará por resultados tangíveis ou observáveis da transformação desejada, isto é, pela erradicação ou redução do problema social que lhe deu origem. Sendo assim, é preciso conhecer os fundamentos do desejo que motivou a parceria: A preservação dos recursos naturais para as gerações futuras? A igualdade de distribuição de renda e de oportunidades para todos os segmentos sociais? A plenitude de desfrute dos direitos civis, políticos e de cidadania para todas as pessoas? Os motivos podem ser muitos e vários e por isso mesmo é que se torna importante explicitá-los, ainda que seja na restrita medida em que é possível desvendar sonhos, desejos e ideais. Equivale a questionar sobre quais são as características da moldura de proposições ideológicas que delimita, ao mesmo tempo em que evidencia, as ações sociais desses parceiros em uma arena comum de atuação e ativismo que parece compor, à primeira vista, um quadro harmônico de intenções transformadoras.

A experiência e a pesquisa têm nos mostrado que a falta de clareza na exposição dessas posturas e expectativas conduz muitas alianças a obstáculos incontornáveis, geralmente detectados apenas quando o curso da atuação já é longo e a avaliação é realizada como uma atividade pontual e isolada, com intuitos de fiscalização, controle e cobrança.

Esta constatação conduz a um segundo questionamento, que consiste em identificar as características das relações de poder entre os parceiros. Existem desafios a serem vencidos na construção das alianças intersetoriais, de forma que sejam estabelecidos relacionamentos mais equilibrados, tanto na distribuição de papéis e responsabilidades quanto no compartilhamento de filosofias, interesses e objetivos. A avaliação empregada como mecanismo de controle impede a busca desse equilíbrio e gera situações de boicote ao procedimento e de alteração das informações. Marino (1998) ressalta a importância de que não haja um lado passivo – aquele que é avaliado – contraposto a um lado dominante ocupado pelo avaliador ou pelo demandante da avaliação, sob pena de perda da fidedignidade dos dados e da credibilidade do processo.

Esta reflexão nos remete à constatação de que a gestão das alianças exige procedimentos constantes de negociação, conciliação e consenso. Isto é, de práticas que ressaltam os componentes políticos da relação, as quais refletem as bases ideológicas que direcionam as ações e decisões dos atores sociais em interação.

Estas idéias e opiniões não estão aqui expressas a fim de desestimular o esforço de elaborar indicadores e métodos adequados para avaliar parcerias. Muito pelo contrário, creio que pesquisadores, gestores e profissionais que atuam no âmbito do empreendedorismo social, da responsabilidade empresarial e da gestão de organizações da sociedade civil estão comprometidos com a busca e o aperfeiçoamento de métodos, técnicas e instrumentos. Todos aqueles que direcionam suas ações para o amplo espectro dos objetivos do desenvolvimento sócio-ambiental sustentável sabem que o monitoramento e o aperfeiçoamento contínuos dos projetos e programas constituem diretrizes essenciais para obter resultados efetivos que geram valores tangíveis e intangíveis. E que tais processos contínuos são compostos por indicadores quantitativos e qualitativos, por procedimentos objetivos de coleta e análise de dados, por métodos consensuais de interpretação.

Outrossim, é preciso estar atento também aos elementos da subjetividade inerente à conexão das pessoas entre si e delas com os propósitos da parceria. É importante não omitir os detalhes do modo de ser e pensar dos atores envolvidos e das organizações conectadas, como se fosse possível realizar intentos transformadores sem comungar estratégias e valores. A comunicação entre os parceiros – um dos aspectos de maior vulnerabilidade de uma aliança estratégica – exige a criação de um idioma comum, de uma linguagem que assegure a congruência das ações conjuntas e a transparência das informações e opiniões.

A reflexão sobre estas características que determinam o caráter ideológico das práticas avaliativas, do ato de avaliar e do emprego dos resultados dele decorrentes, permite propor alguns elementos para os sistemas de avaliação das alianças estratégicas formuladas por organizações com diferentes inserções setoriais que objetivam realizar ações no âmbito do desenvolvimento sustentável. Um destes elementos diz respeito ao próprio conceito: o substantivo 'avaliação' e seus correlatos verbais carregam consigo esta inevitável associação com as concepções de controle e de assimetria do poder na relação. Provavelmente, o monitoramento – isto é, as atividades de acompanhamento sistemático de uma parceria visando apoiar sua trajetória, aperfeiçoar suas ações e empoderar seus protagonistas – pode se transformar em construtos e significados mais adequados para expressar e atender a necessidade de que a aliança e sua atuação sejam objeto de avaliação.

Mais do que uma simples e eufemística troca de termos, o que se propõe é uma profunda mudança dos fundamentos ideológicos que estão na base de sustentação da aliança, assim como das posturas e comportamentos que expressam as relações entre os parceiros. Com esta reconceptualização, a avaliação-monitoramento torna-se um dos instrumentos mais eficazes para a gestão das alianças intersetoriais e, portanto, para assegurar e incrementar os resultados que elas pretendem obter no equacionamento de problemas sociais.

Para caminhar nessa direção, proponho que a teoria e as práticas de avaliação de alianças estratégias intersetoriais caracterizem-se por:

- serem concebidas como processo contínuo de monitoramento, e não como uma atividade pontual ou episódica;
- empregarem ferramentas de livre acesso aos parceiros, construídas com base no consenso, ou no mínimo, na negociação acerca de indicadores, métricas, utilização dos dados etc.;
- portanto, por serem instrumentos de gestão participativa e interativa, e não meios de fiscalização e controle;
- acompanharem a dinâmica da relação intersetorial, adaptando-se aos ciclos de vida que lhe são próprios;
- logo, por objetivarem estimular espirais de aprendizagem organizacional e se constituirem em fontes de geração e disseminação de conhecimento;
- o que significa deverem ser garantidas por compromissos mútuos e explícitos dos parceiros, tanto no que concerne às operações concretas quanto às idéias e valores que constituem as bases ideológicas da aliança.

CHIANCA, T.; MARINO, E.; SCHIESARI, L. Desenvolvendo a cultura de avaliação em organizações da sociedade civil. Coleção Gestão e Sustentabilidade. São Paulo: I. Fonte/Editora Global; 2001.

FISCHER, R. M. Alianças Estratégicas Intersetoriais para Atuação Social. São Paulo: CEATS – FIA/USP e Ford Foundation, 2003 (relatório de pesquisa).

MARINO, E. Manual de Avaliação de Projetos Sociais São Paulo: IAS – Pedagogia Social, 1ª edição, 1998.

MARINO, E. Diretrizes para avaliação de projetos e programas de investimento social privado. São Paulo, Dissertação (Mestrado) – FEA/USP, 2003.

A avaliação do impacto de alianças e parcerias

Simone de Castro Tavares Coelho*

Nos últimos anos tem crescido o entendimento de que não basta atuar, mas deve-se atuar com propriedade, refletindo-se sobre os resultados das intervenções realizadas. Assim, a avaliação de programas e projetos sociais, de forma ainda incipiente, tem se colocado como uma necessidade e, principalmente as instituições maiores, começam a fazê-la de forma mais planejada.

No âmbito das ações decorrentes de parcerias e/ou alianças entre instituições, a avaliação de resultados e o monitoramento do processo aparece, cada vez mais, como um meio de os parceiros se relacionarem de forma mais cooperativa e menos conflituosa. A motivação primeira é evidente: comprovar os resultados perante os seus conselhos e *stakeholders*, justificando assim as decisões tomadas e a eficiência das estratégias implementadas.

Os benefícios desse processo de reflexão, além da comprovação efetiva dos resultados, também apresentam outros ganhos menos mencionados:

- maior adequação dos objetivos institucionais às necessidades sociais constatadas;
- maior adequação dos objetivos e metas às estratégias estabelecidas;
- identificação de problemas ao longo do processo e correção de rumos;
- sistematização de informações e procedimentos, permitindo uma replicabilidade em outras comunidades.

Dois pontos importantes neste processo de reflexão têm ficado de fora do escopo dessas avaliações. O primeiro deles é a avaliação da própria parceria/aliança. Pouco se reflete sobre os impactos institucionais que o desenvolvimento de uma ação conjunta produz nos processos internos de gestão e operacionalização das ações. Apesar de se ter consciência de que esse tipo de ação propicia um intercâmbio de culturas institucionais, pouco se reflete sobre as questões decorrentes dessa inter-relação, seu impacto nas práticas de execução, aprendizados institucionais, dificuldades, etc.

Um outro ponto importante e decorrente do anterior é se a atuação em parceria promove, em primeiro lugar, resultados de maior abrangência social podendo-se, com a somatória de recursos, aumentar o número de beneficiários. Em segundo lugar uma ação mais bem estruturada, com estratégias diversificadas, fruto de um desenho que compreende uma somatória de *expertises*.

A hipótese em curso é que o resultado é positivo – as ações de parcerias institucionais são "melhores" e mais abrangentes. Mas resta comprová-la. É necessário que tenhamos a exata medida do quanto ela é melhor e porque ou se, talvez, mediante dificuldades de relacionamento, atuar sozinho, sem nenhum tipo de cooperação, significaria um ganho em termos de agilidade decisória e em tempo de execução.

Na verdade, qualquer processo relacional exige um tempo para a sua normatização e ajustes maiores de conduta. Isso, de certa maneira, força uma reflexão sobre o processo importante, mesmo que não seja sistêmica e sistematizada.

Quanto ao impacto desse processo relacional nos resultados, temos de comprovar na prática, fazendo, até mesmo avaliações comparativas abordando também o fortalecimento institucional ocorrido no período.

O modo de fazer é tão importante quanto os resultados alcançados e, quando analisados, significa uma consolidação e aprimoramento do *modus operandi*. Fica a sugestão aos "parceiros e aliados".

* Simone de Castro Tavares Coelho é Diretora-Presidente do IDECA

E onde fica a questão da cultura organizacional ?

Neylar Vilar Lins*

Sendo a questão da cultura organizacional passível de ser abordada por diversas óticas e tratando-se de assunto por demais complexo para ser esgotado em poucas linhas, optei por colocar uma "lente de aumento" sobre como o tema aparece no Relatório Final do mapeamento realizado pela Aliança Capoava e a partir daí traçar alguns comentários e considerações que possam ser úteis para a prática das alianças, parcerias, cooperações e redes.

O ponto de partida principal para este olhar foram as categorias temáticas utilizadas para análise e resumo dos 69 trabalhos da amostra selecionada.

Uma leitura do resumo das onze categorias definidas (conceitos, diagnóstico, processo de formação, contexto, pré-requisitos, objetivos, gestão, características, avaliação, classificação, valores), nos leva a conclusão de que o tema da cultura aparece apenas como parte da categoria "Gestão" nas publicações analisadas, dentro do assunto "A administração das diferentes racionalidades e culturas".

Seguindo este raciocínio e analisando o percentual de publicações que fazem referência às categorias de análise em relação ao total de publicações analisadas, conclui-se também que a categoria Gestão aparece com uma incidência de apenas 5%, revelando que o tema da cultura, juntamente com classificação e avaliação (4%) seriam as principais lacunas da produção de conhecimento existente.

Tais conclusões poderiam nos levar a afirmar então que o tema das culturas organizacionais não é considerado relevante pelos pesquisadores, estudiosos e práticos das alianças e parcerias? Ou será que o tema das culturas organizacionais, tal como a questão da comunicação, como diz Rosa Fischer "é um dos aspectos de maior vulnerabilidade de uma aliança estratégica" ? Ou ainda, como afirma Simone Coelho, será que "apesar de se ter consciência de que esse tipo de ação (parcerias e alianças) propicia um intercâmbio de culturas institucionais, pouco se reflete sobre as questões decorrentes dessa inter-relação, seu impacto nas práticas de execução, aprendizados institucionais, dificuldades, etc" ?

Partindo de experiência vivida na articulação e gestão de inúmeras parcerias e alianças ao longo dos últimos 15 anos, e analisando os resultados do Relatório Final da Aliança Capoava, penso que:

- a relevância do tema da cultura nas parcerias e alianças é reconhecida e tratada por todos. Esta afirmação pode ser constatada com a leitura cuidadosa desta publicação, onde aspectos da cultura acabam sendo tratados em praticamente TODAS as categorias temáticas analisadas, embora só esteja mencionada explicitamente como conteúdo da categoria de Gestão. Basta que se parta da compreensão de que a cultura de uma organização é o conjunto de valores, princípios, crenças, filosofias que embasam a maneira como ela vê, entende,

*Neylar Vilar Lins é Presidente do Instituto Aliança com o Adolescente, Professora da Escola de Administração da Universidade Federal da Bahia e Conselheira de várias entidades do Terceiro Setor no Brasil.

sente e age e que lhe confere identidade própria e singulariza sua forma de se relacionar com o mundo, permeando, portanto, de forma transversal toda e qualquer relação e prática inter-institucional;

- lidar com as diferenças culturais, reconhecendo-as, respeitando-as e valorizando-as como um ganho e não como um "peso" entre parceiros é, ao mesmo tempo, um dos aspectos de maior vulnerabilidade e um dos aspectos mais essenciais para viabilizar um processo maduro e duradouro de alianças e parcerias;
- ainda há muito que se avançar na prática e na utilização de ferramentas de apoio para propiciar uma reflexão sistemática, transparente e objetiva das questões decorrentes da inter-relação entre as organizações parceiras, seu impacto nas práticas de execução, aprendizados institucionais, dificuldades, à luz (e não às sombras) das suas respectivas culturas.

Enfim, nesta brevíssima abordagem de tema tão complexo, a mensagem central que não posso deixar de registrar é que: mencionada ou não de forma explicita, tratada ou não de forma transparente, avaliada ou não de forma sistemática, a cultura das organizações representa sua própria essência e portanto é um fator cuja consideração não pode ser subestimada e muito menos gnorada nas relações de parcerias e alianças, caso se queira prevenir ou administrar de forma eficaz as crises e os conflitos que naturalmente surgem no caminho, bem como se aproveitar os ganhos advindos da unidade na diversidade.

Anexo I - Resumo das publicações analisadas

ADULIS, D. **Da colaboração à parceria**. Rits, Rio de Janeiro, maio 2002. Disponível em <http://www.rits.org.br>. Acesso em 24 abr. 2004.

Neste artigo Dalberto Adulis defende que o uso freqüente da noção de parcerias tem levado a um esvaziamento do seu sentido. Fornecedores e funcionários são chamados de parceiros chegando ao que ele chama de "vazio semântico" da expressão. Ressalta a importância das parcerias, tanto para a empresa quanto para as organizações civis e não-governamentais. Caracteriza os tipos ideais para parcerias segundo Austin (filantrópica, transacional, integrativa). Ressalta as vantagens que os envolvidos podem ter com esse tipo de relação e oferece dicas de como ter sucesso dentro da parceria e de que maneira evitar possíveis desgastes.

ADULIS, D. **Questões-chave para análise de relações de parceria**. São Paulo, 2004. Disponível em <http://www.moradia.org.br/questoes.htm>. Acesso em 1 jun. 2004.

O autor traz os sete aspectos que podem ser analisados em uma relação de parceria, identificados pelo pesquisador Jim Austin. Esses aspectos são considerados questões-chave para que uma organização possa compreender melhor as suas relações de parceria e identificar pontos de desequilíbrio ou conflitos.

AMOROSO, R. **Alianças e parcerias**: uma abordagem baseada na aprendizagem organizacional. 1994. Dissertação (Mestrado em Administração), FEA – USP, São Paulo, 1994.

Trata da prática de alianças e parcerias entre empresas, com o objetivo de compreender como elas aprendem a gerenciar o assunto e que referências podem ser assumidas como orientação para a adoção dessa prática. Considera que as organizações que atuam com êxito em alianças e parcerias privilegiam formas de cooperação entre si, e não de confrontação ou competição. Busca elementos comuns nas alianças e parcerias entre empresas que dão certo e formula um modelo de aprendizagem.

ANDRADE, M. G. V. **Organizações do terceiro setor**: estratégia para captação de recursos. 2002. Dissertação (Mestrado em Administração), UFSC, Santa Catarina, 2002.

A autora busca identificar e conhecer as estratégias utilizadas por organizações do terceiro setor, na área da assistência social da Grande Florianópolis (SC), no processo de captação de recursos junto às empresas privadas. A pesquisa foi feita em duas etapas: descritiva e exploratória. Foram utilizadas a pesquisa bibliográfica e a documental usando a observação sistêmica, a aplicação de questionário e a entrevista focalizada. Desenvolve também uma importante análise da contribuição das parcerias para o contexto da captação de recursos.

AUSTIN, J. E. **Parcerias**: fundamentos e benefícios para o terceiro setor. São Paulo: Futura, 2001.

James Austin é professor de Graduate School of Business Administration da Universidade de Harvard, co-fundador e presidente da Iniciativa de Empreendimentos Sociais da Harvard Business School. Com o objetivo de aprimorar as capacidades de liderança e de gestão de parcerias em instituições do terceiro setor e empresas, busca neste trabalho estabelecer elementos e estratégias comuns às parcerias, de modo a compor um guia prático sobre como construir e gerenciar alianças estratégicas.

Partindo do pressuposto que "O século XXI será a *era das alianças*" (p. 17) analisa 15 alianças entre empresas como Hewlett-Packard, Reebok, Bayer Corporation, Timberland, Nordstrom, Visa e organizações sem fins lucrativos, como Anistia Internacional, City Year, National Geographic, American Humane Association e Time to Read. Com base nessa investigação, procura tratar do funcionamento das alianças, as suas várias fases, como e por onde começar, as áreas de alinhamento, como analisar o valor da aliança, a gestão prática, os agentes propulsores e habilitadores e, por último, apresenta uma série de diretrizes para a formação de alianças.

Embora constate a grande diversidade dos tipos de empresa e de organização do terceiro setor e das suas formas de cooperação, propõe um esquema denominado "*continuum* da colaboração" que, segundo ele, "permite aos parceiros categorizar suas cooperações, entender de que forma essas cooperações podem evoluir ao longo do tempo e analisar as mudanças resultantes na natureza, nos requisitos e na importância de suas relações de cooperação" (p. 33). Segundo o esquema proposto, as relações de cooperação evoluem de "alianças filantrópicas" para "alianças estratégicas", seguindo três estágios: filantrópico, transacional e interativo.

A análise o leva a recomendar *"os sete Cs da colaboração estratégica"* – conexão, clareza, congruência, criação de valor, comunicação, continuidade na aprendizagem e compromisso (p. 169), considerados diretrizes para a colaboração de sucesso.

AZEVEDO F. A. Passos para a construção de parcerias. **Ação Empresarial pela Cidadania, Notícias e Opiniões**. Pernambuco, abr. 2004. Disponível em <http://carlota.cesar.org.br/aec>. Acesso em 25 maio 2004.

Francisco de Assis Azevedo é formado em Administração com especialização em Desenvolvimento de Recursos Humanos. É diretor executivo do Instituto Telemig Celular e é líder da Avina no Conselho de Responsabilidade Social Corporativa da Firjan.

Neste artigo, Azevedo propõe dez passos para formulação de parcerias: definir o foco da ação, ter um bom projeto, identificar parceiros potenciais, levantar afinidades de interesse, identificar o interlocutor correto, ter metas compartilhadas, co-responsabilidade, transparência nas informações, avaliar os resultados e dar visibilidade à parceria.

BARREIRA, C. **Uma questão para pensar**: parcerias e alianças estratégicas. Disponível em <http://www.moradia.org.br/aliancas.htm>. Acesso em 17 abr. 2004.

Este artigo tem o objetivo de mostrar as vantagens de alianças estratégicas e parcerias entre as empresas e a sociedade civil organizada: "Por meio das alianças e parcerias, uma organização pode superar suas lacunas e preencher espaços importantes onde não é tão forte". Revela também a importância de descobrir pontos de identidade entre esses atores. Por último, indica como e quais as etapas para iniciar alianças e parcerias.

BARRETO, C. E. F. **Responsabilidade social das empresas**: um estudo de caso. 2003. Tese (Doutorado em Ciências Sociais), PUC-SP, São Paulo, 2003.

Este trabalho analisa as principais questões relativas à responsabilidade social das empresas, desde os seus primeiros indícios até os dias atuais. Busca entender a influência de três fatores: o excesso de oferta e a concentração dos meios de produção; a incapacidade do Estado de atender às crescentes demandas sociais; a considerável crise social que aumenta a pressão por soluções para os seus problemas como fome, saúde, educação, segurança, trabalho, entre outros. Busca examinar as relações entre a empresa, a sociedade civil e o Estado.

Considera que um melhor entendimento entre a sociedade civil, o setor produtivo (empresas) e o Estado, por meio de parcerias, sinaliza um caminho na busca das soluções dos crescentes problemas sociais, rendendo dividendos às empresas como forma de assegurar a continuidade das suas atividades. Segundo a autora, as parcerias se constituem em uma nova forma de ação empresarial.

BAVA, C. S. Mitos e realidades sobre inclusão social, participação cidadã e desenvolvimento local. In: **II Foro Temático Regional Gobernabilidad Para El Empoderamiento de Los Pobres**. Lima, 2002. Disponível em <http://www.bancomundial.org/foros/sdadcivil/web/contexto.htm>. Acesso em 17 abr. 2004.

Neste texto, o autor analisa o papel das ONGs no cenário global no que diz respeito às suas identidades, compromissos, alianças e perspectivas. Reflete a maneira pela qual são construídas as agendas sociais nas quais se engajam as ONGs e que implicações isso acarreta em relação aos limites e potencialidades do seu trabalho como agentes de mudança social. Faz uma pequena retrospectiva da última década e ressalta a introdução de temas como terceiro setor, responsabilidade social, alianças e parcerias nos discursos de governos e empresas. Discurso que, hegemônico, pode confundir o campo das disputas de interesse e dos conflitos políticos em nossa sociedade.

BOLETIM ASHOKA; CARVALHO, E. **No gerenciamento da ação conjunta, a chave da parceria**. Fev. 2002.

Neste pequeno artigo Carvalho considera que as parcerias constituem um dos caminhos mais promissores para a construção de alternativas aos diversos problemas da sociedade brasileira e também mundial. Alerta para a necessidade de preservação da identidade, da missão e da visão de cada parceiro. Acredita que "a competência no gerenciamento de uma ação orquestrada entre parceiros é um pré-requisito potencializador de resultados na construção de sociedades sustentáveis" e que o foco da ação deve ser buscado nas demandas locais e regionais às quais as parcerias podem dar uma resposta real. Lista ainda alguns argumentos capazes de atrair possíveis parceiros.

BORGER, F. G. **Responsabilidade social**: efeitos da atuação social na dinâmica empresarial. 2001. Tese (Doutorado em Administração), FEA-USP, São Paulo, 2001.

Este trabalho tem o propósito de buscar um maior entendimento sobre a influência da adoção dos conceitos e ferramentas da responsabilidade social na gestão empresarial. Foram selecionados alguns aspectos que caracterizam a gestão da responsabilidade social empresarial para que fossem verificados eventuais relacionamentos destes com algumas dimensões do desempenho organizacional. Constata a emergência do tema com uma literatura variada e ainda pouco convergente, sugerindo ser esta temática complexa, multidisciplinar e que se encontra ainda, aparentemente, em estágio embrionário.

BOSE, M.; DUTRA, T.; SCHOENMAKER, L. **Os caminhos e os desafios da colaboração intersetorial**. Out. 2003. Disponível em <http://www.acceso.or.cr/istr/memória/temas/ponencias/panel-4/Monica-Bose.pdf.>. Acesso em 30 abr. 2004.

Monica Bose, Tatiana Dutra e Luana Schoenmaker – pesquisadoras do Centro de Empreendedorismo Social e Administração em Terceiro Setor (Ceats) – apresentam neste artigo alguns dos resultados obtidos na pesquisa Alianças Estratégicas Intersetoriais para Atuação Social, desenvolvida pelo Ceats, com apoio da Ford Foundation, entre 2001 e 2002. A partir desses resultados buscam aprofundar a compreensão sobre como são estabelecidas e gerenciadas as alianças estratégicas intersetoriais para atuação social no Brasil, seus principais aspectos e peculiaridades, e os desafios que se colocam nessa forma colaborativa de atuação social.

CAMARGO, M. F. et al. **Gestão do terceiro setor no Brasil**. São Paulo: Futura, 2001.

Mariângela Franco de Camargo é consultora empresarial com experiência nos segmentos da indústria, comércio e prestação de serviços, professora universitária especialista em marketing e recursos humanos; Alexandre Nabil Ghobril é consultor empresarial em informática e assessor empresarial; Fabiana Mayumi Suzuki é bacharel em Administração de Empresas com habilitação em Finanças pela Unip; Mery Ueda é bacharel em Administração de Empresas com habilitação em Finanças pela Unip; Ricardo Yuzo Sakima é bacharel em Administração de Empresas com habilitação em Finanças pela Unip.

Este trabalho apresenta uma proposta voltada para as chamadas empresas brasileiras sem fins lucrativos. Os assuntos abordados são: a posição do terceiro setor em relação ao Estado e ao mercado; a captação de recursos financeiros e individuais; o desenvolvimento auto-sustentado; as contribuições dos setores público e privado; a responsabilidade social das empresas; as formas de contribuição individual e as atividades da Fundação SOBECCan.

Os autores consideram que a falta de conhecimento sobre os trabalhos das organizações do terceiro setor se traduz nas poucas parcerias celebradas entre instituições empresariais. Salientam ainda que existem diversas formas de parceria entre as organizações privadas e filantrópicas, dependendo do tipo de atividade que a organização do terceiro setor exerce. Traz alguns exemplos do que consideram como parcerias: Bric-à-Brac, Teleton na AACD e parceria via internet.

CARDOSO, R. (org.). **Estratégias inovadoras de parceria no combate à exclusão social**: avaliação, diálogo e perspectivas. Brasília: Comunidade Solidária, 2000.

Este livro reproduz as intervenções dos participantes do seminário realizado pelo Conselho da Comunidade Solidária em janeiro de 2000 e tem como objetivo ressaltar a importância do intercâmbio de conhecimentos e experiências relativas às políticas de combate à pobreza em curso na América Latina, com base na participação dos cidadãos e na parceria entre Estado e sociedade.

CARDOSO, R. (org.) **Comunidade Solidária**: fortalecendo a sociedade, promovendo o desenvolvimento. Rio de Janeiro: Comunitas, 2002. Disponível em <http://comunitas.org.br>. Acesso em 2 jun. 2004.

Esta publicação traz o relato da história e do processo da Comunidade Solidária ao longo dos últimos oito anos em sua abrangência e diversidade. Organiza o conjunto de suas iniciativas e programas, bem como os resultados obtidos. A ênfase é dada na experiência vivida em relação a um novo modo de fazer projeto social a partir de um recente padrão de relacionamento entre Estado e sociedade, conquistado a partir da valorização da sociedade civil no seu papel estratégico. Segundo os autores, a parceria entre sociedade e Estado amplia recursos e competências, assegurando mais eficiência e transparência às ações sociais e gerando um acervo de experiências, conhecimentos, relações de confiança e colaboração que não têm prazo para terminar.

CARDOSO, R. **O desafio da responsabilidade**: cidadania empresarial no Brasil e nos Estados Unidos. Brasília: Comunidade Solidária. Disponível em <http://www.comunitas.org.br>. Acesso em 3 jun. 2004.

Neste artigo Ruth Cardoso observa que a responsabilidade social do setor privado empresarial no Brasil vem crescendo nos últimos anos em ritmo mais acelerado do que nos Estados Unidos, embora constate que a tradição norte-americana de filantropia empresarial é muito mais extensa e tem raízes mais arraigadas que a brasileira. Segundo ela, o contexto brasileiro, mais rico e complexo atualmente, propicia a multiplicação das ações em parcerias, envolvendo diferentes atores públicos e privados. Estas parcerias (incluindo o setor empresarial) têm ampliado, de forma significativa, os recursos e competências investidos na geração de solidariedade social e na promoção de processos sustentados de desenvolvimento.

CARVALHO, C. A. P. **Preservar a identidade e buscar padrões de eficiência**: questões complementares ou contraditórias na atualidade das ONGs. Rits, Rio de Janeiro, jul. 2000. Disponível em <http://www.rits.org.br>. Acesso em 24 abr. 2004.

Cristina Amélia Pereira de Carvalho é doutora em Administração pela Universidade de Córdoba, Espanha, e professora-adjunta da Universidade Federal de Alagoas. Neste artigo, dedicado às ONGs de modo geral, a autora menciona a importância de parcerias e seus problemas, com foco nas relações com o Estado. Além disso, segundo ela, as empresas estão criando parcerias para se adequarem às novas atitudes dos consumidores.

CARVALHO, M. C. A. A. Participação social no Brasil hoje. **Pólis Papers** nº 2. São Paulo, 1998. Disponível em <www.polis.org.br>. Acesso em 21 abr. 2004.

Maria do Carmo A. A. Carvalho integra a equipe técnica do Instituto Pólis. Neste artigo contextualiza a participação social no Brasil a partir dos anos 90. Ao analisar experiências de co-gestão no item intitulado "Parcerias", a autora propõe um conceito para esta expressão e considera que, nelas, "papéis complementares são claramente propostos e assumidos" pelos diversos atores sociais.

CAVALCANTI, E. **Estudo de casos de ação social corporativa**. 2002. Dissertação (Mestrado em Administração), FEA-USP, São Paulo, 2002.

Este trabalho tem como objetivo estudar empresas brasileiras que realizam ações sociais e as parcerias que surgem com entidades do terceiro setor, visando identificar como ocorre esse relacionamento e de que forma ele influencia no desempenho da atuação social das organizações. Verifica o crescimento do envolvimento das empresas com a questão da responsabilidade social corporativa e com ações voltadas para comunidades. Nesse contexto, procura abordar aspectos ligados à decisão e à realização das ações sociais por parte das empresas. Aborda também os possíveis efeitos das ações sociais empreendidas, tanto para as empresas como para as entidades com as quais elas se relacionam. A partir do estudo e caso de duas empresas (Grupo Orsa e Banco Itaú), observa que a ação social passa por um processo de amadurecimento gradual, evoluindo para projetos com foco mais preciso, e que as organizações sociais foram influenciadas pelo seu relacionamento com as empresas. Uma das conclusões do trabalho é a importância e os potenciais benefícios do alinhamento de estratégias entre empresas e organizações do terceiro setor no enfrentamento conjunto de problemas sociais.

CENPEC, Instituto Ethos. **Responsabilidade social e parcerias**. São Paulo: Autores Associados, 1999.

Resultado do seminário Parcerias Público/Privado: Cooperação e Co-responsabilidade, realizado em setembro de 1998, traz os artigos:

- GRAJEW, O. O papel do setor empresarial na transformação da sociedade.
- SETUBAL, M. A. Respostas para a desigualdade.
- DANIEL, C. A construção da esfera pública pelo choque de conflitos.
- WILHEIM, J. Um mundo de incertezas.

A publicação discute a necessidade de articulações mais sinérgicas entre Estado, sociedade civil e setor empresarial. Uma das conclusões é que as parcerias mostram-se fundamentais na superação da crise do Estado social e do quadro de desigualdades e exclusões que imperam no Brasil.

COSTA, C. S.; VISCONTI, G. R. **Terceiro Setor e desenvolvimento social**. BNDES, Relatório Setorial nº 3, Rio de Janeiro, jul. 2001. Disponível em <http://www.bndes.gov.br>. Acesso em 20 maio 2004.

Este documento – Relatório Setorial nº 3 – traz no capítulo "Um breve histórico" uma reflexão sobre a crescente participação do empresariado brasileiro em programas e projetos sociais a partir dos anos 90. O tema é aprofundado no capítulo "Participação das empresas no terceiro setor". Conclui com a observação de que as tendências e desafios da sociedade brasileira, em especial do terceiro setor, são as parcerias intersetoriais.

DOWBOR, L. **Parcerias e alianças – o bom senso na gestão social**: uma abordagem conceitual. São Paulo, 2002. Documento para discussão.

Ladislau Dowbor, PhD, economista, professor da PUC-SP e Universidade Metodista de São Paulo, é consultor em várias organizações não-governamentais, governos e agências multilaterais. Este estudo resulta de uma iniciativa do escritório do Unicef para a América Latina e o Caribe, Tacro, de realizar uma pesquisa exploratória sobre como administrar parcerias, alianças, além de abordar as diferentes formas de organização interinstitucional. Parte de uma série de perguntas: Que inovações existem na área?, Como identificar e avaliar os tipos mais eficientes para atingir os objetivos?, Como organizar um mecanismo formal de análise das parcerias?. Foram estudados casos concretos de parcerias envolvendo crianças e adolescentes em três países – Guatemala, Jamaica e Brasil – e paralelamente foi elaborado este estudo centrado em metodologia, definição de conceitos e instrumentos de trabalho, com o objetivo de sistematizar o conhecimento existente. Trata de uma visão de conjunto do contexto que determina a importância das alianças e parcerias na gestão social; das tipologias, vínculos e formas de gestão das parcerias; e finalmente das implicações para as políticas desenvolvidas pelo Unicef.

DOWBOR, L. **Capitalismo**: novas dinâmicas, outros conceitos. São Paulo, jun. 2000. Disponível em <http://www.dowbor.org>. Acesso em 10 abr. 2004.

Neste artigo Dowbor busca refletir as dinâmicas e os novos conceitos de articulações entre Estado, empresa e sociedade civil. Menciona a Cúpula de Lyon-98, organizada pelas Nações Unidas, sobre "parcerias para o desenvolvimento", onde foram apresentadas as alternativas que numerosos países, regiões e comunidades estão adotando para recuperar o controle social sobre a poupança, escapando aos esquemas de sua apropriação pelo sistema financeiro globalizado. Segundo ele, as parcerias têm que ser feitas de forma flexível.

DOWBOR, L. **Gestão social e transformação da sociedade**. Costos sociales da las reformas neoliberales en América Latina (org.), publicado por PUC-SP, Fapesp, USP e UCV, 2000. Disponível em <http://ppbr.com/ld/artigos.asp>. Acesso em 25 abr. 2004.

Este artigo analisa as transformações sociais e reflete que as novas alternativas para a sociedade contemporânea demandam redes que aglutinem os diversos atores sociais. Ressalta que este caminho vem sendo percorrido por meio de parcerias entre o Estado, as empresas privadas e as ONGs.

DULANY, P. Tendências emergentes em parcerias intersetoriais: processos e mecanismos para colaboração. In: IOSCHPE, Evelyn et al. **3º Setor: Desenvolvimento social sustentado**. Rio de Janeiro: Paz e Terra, 1997.

A autora é presidente e fundadora do Instituto Synergos, foi consultora das Nações Unidas e da Fundação Ford na área da saúde e planejamento familiar no Brasil, EUA e Portugal. É doutora em Educação pela Universidade de Harvard. Neste texto, trata da experiência do Instituto Synergos no que diz respeito a parcerias e o que chama de "instituições-ponte" – que intermediam as relações entre governos, empresas e organizações sociais. Partindo de um estudo sobre duas séries de casos de colaboração intersetorial na Ásia e na África, que esclareceu as dificuldades e utilidades em estabelecer uma parceria, levanta algumas soluções, tendências correntes que favorecem e complicam as parcerias governo-sociedade civil, exemplos e a necessidade de mecanismos de "ponte" para facilitar as parcerias.

EKUNI, K. M. **Marketing social nas organizações com fins lucrativos**: uma vantagem competitiva. 2002. Dissertação (Mestrado em Administração), PUC-SP, São Paulo, 2002.

Propõe que as empresas passem a desenvolver as atividades sociais de forma mais planejada, com orientação adequada e com acompanhamento de resultados de forma profissional. Entidades como o Instituto Ethos podem dar uma importante contribuição para as empresas que pretendem realizar um trabalho social efetivo. Levanta questões relativas à preocupação ambiental e traz um estudo sobre a certificação ISO 14000. Discorre sobre a ética e a responsabilidade social, o grau de envolvimento das empresas nos compromissos com a sociedade, mostrando que estes nem sempre expressam a responsabilidade social ou ética da organização. O caminho possível é a atuação conjunta entre empresas, governos e organizações da sociedade civil, formando parcerias para a construção social. Espera que as discussões em torno da ótica social contribuam para que as empresas encontrem caminhos viáveis que atendam ao mesmo tempo aos objetivos econômicos e às necessidades da sociedade.

FISCHER, R. M. **O desafio da colaboração**: práticas de responsabilidade social entre empresas e Terceiro Setor. São Paulo: Ed. Gente, 2002.

Rosa Maria Fischer é professora da Faculdade de Economia, Administração e Contabilidade da Universidade de São Paulo (FEA-USP) e diretora do Ceats/FIA/USP (Centro de Estudos em Administração do Terceiro Setor). Neste livro, analisa as alianças intersetoriais – estabelecidas entre organizações da sociedade civil e empresas e compreendidas como ações que visam a promoção do desenvolvimento social. Segundo a autora, "as alianças estratégicas intersetoriais podem se constituir em um dos mais eficazes mecanismos de asseguramento da cidadania plena e da sustentabilidade do desenvolvimento social" (p. 28).

Este trabalho sintetiza resultados de pesquisas, descrições de casos, debates e reflexões realizadas pelo Ceats e tem como objetivo disseminar informações e idéias que contribuam para a efetivação de parcerias e alianças estratégicas.

Reflete o contexto no qual a proposta de colaboração entre as organizações da sociedade civil e as de mercado se insere, bem como o cenário social, político e econômico brasileiro dos últimos anos, nos quais as proposições de desenvolvimento – fundamentadas na formação de parcerias – se concretizam.

Como base conceitual para analisar a configuração e o desempenho das parcerias que, segundo a autora, são influenciados pelas características organizacionais de cada entidade participante de uma aliança, utiliza, embora considerando a existência de divergências de opiniões a respeito, o modelo da "trissetorialidade" – definido como uma "proposta de arranjo das organizações formais em uma tipologia que as cataloga em três categorias – Estado, mercado e terceiro setor – de acordo com critérios predefinidos" (p. 30).

Fornece descrições e análises do funcionamento e da personalidade de alianças intersetoriais a partir de estudos de caso. A parceria Itaú e Cenpec é utilizada como exemplo de uma atuação social elaborada como estratégia empresarial. Para analisar o desenvolvimento do conceito de responsabilidade social, a importância do estabelecimento de uma relação de credibilidade entre organizações diversas, bem como o papel das organizações "intermediárias" – facilitadoras da aproximação –, o exemplo é a parceria Inamar, VBR e Fundação Abrinq. A criação da Fundação Acesita aparece como uma das diferentes formas de atuação social e ajuda a demonstrar as transformações dessa atuação no cenário empresarial brasileiro. A parceria Fundação Odebrecht e Liceu de Artes e Ofícios relata a respeito da construção de alianças como um processo de aprendizagem e desenvolvimento organizacional.

Analisa ainda os principais elementos para o processo de construção de alianças estratégicas intersetoriais, propostos por James Austin (2001), em relação à situação brasileira: o *modus operandi* para a concretização da cooperação estratégica; a oportunidade e o modo de estabelecimento da conexão entre diversas organizações; o estabelecimento de uma relação de confiança mútua; a compatibilidade estratégica das organizações aliadas.

FISCHER, R. M.; MENDONÇA L. R. **Terceiro setor**: inventário da produção brasileira. São Paulo: FEA-USP, 2002. Disponível em <www.ceats.org.br>. Acesso em 10 abr. 2004.

Este estudo teve como finalidade mapear os centros de estudo e as publicações existentes no Brasil relativas ao terceiro setor, com o objetivo de consolidar e difundir as produções sobre este tema. A pesquisa teve início em 2001, por meio de contatos com universidades e com organizações de terceiro setor. Foram identificados 38 centros de estudos que trabalhavam o tema em questão. Em seguida foram enviados questionários a esses centros com o intuito de detalhar a produção relativa ao terceiro setor. Foram identificadas 138 publicações. Segundo a pesquisa, 9% das publicações levantadas fazem referência a alianças estratégicas intersetoriais e concentram-se no estado de São Paulo.

FISCHER, R. M. **Alianças estratégicas intersetoriais para atuação social**. Ceats – relatório de pesquisa, São Paulo, 2002. Disponível em <www.ceats.org.br>. Acesso em 10 abr. 2004.

Neste relatório a autora apresenta dois instrumentos derivados do trabalho realizado na pesquisa Alianças Estratégicas Intersetoriais para Atuação Social, desenvolvida entre 2001 e 2002 pelo Ceats da Fundação Instituto de Administração (FIA), instituição conveniada à Faculdade de Economia, Administração e Contabilidade (FEA) da Universidade de São Paulo (USP), com o apoio da Fundação Ford.

A pesquisa procurou analisar como a redefinição dos papéis sociais do Estado, mercado e terceiro setor e da própria comunidade tem gerado o desenvolvimento de novas formas de executar ações sociais. Foi realizada em três etapas: (1) envio de questionário para uma amostra intencional de 2.085 empresas que possuíam algum histórico de atuação social, com 423 respostas; (2) levantamento de dados qualitativos sobre a formação e manutenção de alianças com uma subamostra de 60 empresas e constituição de uma amostra de 41 organizações aliadas a essas empresas; (3) estudos de caso e *workshops* de modelagem e discussão sobre as características das alianças, suas implementações e seus resultados.

Entre os resultados analisados neste relatório está a verificação da existência de projetos em parcerias em 85% das empresas que participaram da pesquisa; em 80,2% desses casos as alianças contam com a participação de organizações do terceiro setor; em 55,5% elas são estabelecidas também com órgãos governamentais e em 47,3% das vezes há a participação de outras empresas.

As ferramentas apresentadas são: "instrumento de monitoramento de alianças intersetoriais" e um conjunto de "casos didáticos". O instrumento de monitoramento de alianças desenvolvido no âmbito da pesquisa objetiva possibilitar às organizações o autodiagnóstico e a identificação das convergências e divergências de percepção. O instrumento é composto por um conjunto de 28 indicadores, divididos em oito categorias que procuram retratar algumas das questões essenciais que precisam ser analisadas para reduzir as dificuldades na constituição e manutenção de uma aliança intersetorial e identificar os pontos fortes e fracos do relacionamento.

A segunda ferramenta consiste em um conjunto de "casos didáticos" a serem utilizados em aulas sobre os temas responsabilidade social e alianças estratégicas intersetoriais para atuação social. Este material foi produzido a partir dos estudos de casos realizados na terceira fase da pesquisa, a qual objetivou aprofundar e detalhar situações peculiares ou exemplares das parcerias pesquisadas no decorrer do estudo.

FISCHER, R. M. Desafios da atuação social através de alianças intersetoriais. In: **Anais São Paulo**, USP/FEA/PPGA, 2003.

Neste artigo são apresentados e discutidos alguns dos resultados obtidos na pesquisa Alianças Estratégicas Intersetoriais para Atuação Social, realizada pelo Ceats, com apoio da Ford Foundation, entre os anos 2001 e 2002. O foco do presente estudo volta-se para a análise dos principais desafios que surgem no estabelecimento de alianças entre empresas e outras organizações para a realização de projetos de cunho social, uma articulação institucional que ainda se mostra em desenvolvimento e consolidação, tanto no Brasil quanto em outros países. Fundamentado em levantamento bibliográfico e nas respostas obtidas no *survey*, realizado com 385 empresas sediadas no Brasil, este estudo apresenta as principais razões para o estabelecimento, ou não, de alianças intersetoriais para atuação social, os papéis desempenhados pelas empresas e as principais características dessas alianças.

FISCHER, R. M. Monitoramento de projetos sociais: um desafio para as alianças intersetoriais. In: **Anais Rio de Janeiro**, Anpad, 2003.

A partir dos dados levantados na pesquisa Alianças Estratégicas Intersetoriais para Atuação Social, realizada pelo Ceats, com o apoio da Ford Foundation, entre 2001 e 2002, e de revisão sobre o tema, este artigo discute os principais desafios que surgem no planejamento da aliança e no estabelecimento e utilização de indicadores para avaliação de resultados e monitoramento dos projetos sociais. Estes aspectos são discutidos a partir de sua importância para a geração de valor na aliança e no alinhamento de expectativas e objetivos dos parceiros envolvidos, visando trazer contribuições para a potencialização da qualidade dos projetos sociais.

FUNDAÇÃO SEMEAR. **Pesquisa responsabilidade social empresarial no estado do Rio Grande do Sul**. Novo Hamburgo, 2003. Disponível em <http://www.fundacaosemear.org.br/>. Acesso em 2 jun. 2004.

Esta pesquisa realizada pela Fundação Semear no ano de 2002, no Rio Grande do Sul, tem o objetivo de traçar o perfil das empresas da região. Foi selecionada uma amostra de 4.291 empresas, das quais 445 responderam ao questionário enviado. Foi diagnosticado que 47,1% das empresas da região realizam parcerias com entidades sociais/assistenciais, e os principais motivos que justificam essas parcerias são: ampliação do potencial de atendimento do projeto e estratégia de ação empresarial.

FUNDAÇÃO SEMEAR. **Pesquisa sobre responsabilidade social no Vale do Sinos**. Vale do Sinos, 2000. Disponível em <http://www.fundacaosemear.org.br/>. Acesso em 2 jun. 2004.

Esta pesquisa foi realizada pela Fundação Semear de dezembro de 2000 a maio de 2001 no Vale dos Sinos. Foram levantadas 3.432 empresas, das quais 362 responderam ao questionário ou entrevistas.

O objetivo do estudo era observar como acontecem os investimentos sociais privados nas empresas pesquisadas, visando incentivar a participação social e o desenvolvimento da responsabilidade social. Foi diagnosticado que 34,2% das empresas selecionadas realizam parcerias com entidades sociais, motivadas, principalmente, pela possibilidade de ampliação do potencial de atendimento do projeto e por não disporem de experiência na área.

GIANNECCHINI, L. **Estudo do Ceats**. Setor 3, jun. 2003. Disponível em <http://www.setor3.com.br/senac2/calandra.nsf>. Acesso em 17 abr. 2004.

Este artigo traz uma entrevista com as pesquisadoras Luciana Rocha de Mendonça e Mônica Bose – integrantes da equipe coordenada pela professora Rosa Maria Fischer. Mostra aspectos em destaque da pesquisa Alianças Estratégicas Intersetoriais para Atuação Social, elaborada entre 2001 e 2002 pelo Ceats. Conclui que a atuação em conjunto dos diversos setores da sociedade potencializa a qualidade das ações sociais, e que as alianças influenciam na formulação de políticas públicas.

GIFE, ANDI. **Investimento social na Idade Mídia**. São Paulo: Gife, 2000. Disponível em <http://www.gife.org.br/pdf/pesquisamidia.pdf>. Acesso em 21 maio 2004.

Trata-se de um estudo qualitativo sobre como os veículos de comunicação impressa interpretam e retratam as ações sociais empreendidas pela iniciativa privada no Brasil. Aliando as experiências e os conhecimentos que o Gife e a Andi possuem nos respectivos campos de atuação, o estudo levanta elementos que apontam virtudes e defeitos no diálogo entre os atores sociais e a imprensa, além de oferecer recomendações tanto para fontes quanto para jornalistas. Segundo o estudo, as parcerias são apenas brevemente mencionadas em matérias jornalísticas, ao mesmo tempo em que constituem um importante tema para informar sobre a diferença de papéis entre cada setor e sobre como a fusão de interesses pode ou é realizada.

GIFE. **Congresso Nacional sobre Investimento Social Privado**: desafios e perspectivas para o desenvolvimento brasileiro. São Paulo: Gife, 2001. Disponível em <http://www.gife.org.br/pdf/congresso2000.pdf>.

Resultado do Congresso Nacional realizado pelo Gife em 2000, traz na íntegra as cinco conferências realizadas e matérias jornalísticas sobre as mesas-redondas. Um dos temas tratados foi a importância das parceiras na implementação de projetos sociais. A conferência "A ética da co-responsabilidade: parcerias e alianças" – Viviane Senna do Instituto Ayrton Senna – tratou dos benefícios da atuação conjunta e da otimização de recursos humanos, técnicos e financeiros para a maximização do impacto social dos projetos.

GRAYSON, D.; HODGES. A. **Compromisso social e gestão empresarial**. São Paulo: Publifolha, 2002.

David Grayson é um dos diretores da organização britânica Empresas na Comunidade e da consultoria de assuntos públicos EPPa do Reino Unido. Adrian Hodges comanda as atividades do Fórum Internacional de Líderes Empresariais Príncipe de Gales nas Américas.

Livro prático que pretende mostrar por que temas emergentes como ecologia, meio ambiente, saúde, bem-estar, diversidade cultural, ética, direitos humanos e responsabilidade social têm de estar hoje na agenda das empresas modernas, não apenas como diferencial competitivo, mas como condição de sobrevivência. O Boticário patrocinou a edição brasileira, com o apoio do Instituto Ethos. O capítulo "Sete passos para minimizar os riscos e maximizar as oportunidades" inclui no passo 6 – "Envolva os *stakeholders*" –, que tece considerações sobre como envolver as partes interessadas em parcerias, exemplos de parcerias e fatores essenciais para o sucesso.

Ação Empresarial pela Cidadania. Guia para a ação social. **AEC, Notícias e Opiniões**, Pernambuco, abr. 2004. Disponível em <http://carlota.cesar.org.br/aec>. Acesso em 30 abr. 2004.

Neste artigo Francisco de Assis Azevedo, diretor executivo do Instituto Telemig Celular, resume o Guia de ação social elaborado pelo Instituto Ação Empresarial pela Cidadania, com foco no desenvolvimento de parcerias entre empresas e ONGs. Segundo o autor, a cooperação traz maiores benefícios para os parceiros do que quando o empreendimento é implantado isoladamente, pois "possibilita a otimização dos recursos e a maximização de resultados, com vantagens para os agentes e os beneficiários da ação" (Azevedo, 2004: 1).

Instituto AEC. **Reunião integração**: empresas e parcerias. Carlota Cesar, abr. 2004. Disponível em <http://carlota.cesar.org.br/aec/newstorm.notícia.apresentação>. Acesso em 28 de abr. 2004.

Neste artigo o Instituto Ação Empresarial pela Cidadania relata como ocorreu sua primeira reunião do Programa Integração em 2004 abordando o tema "Desenvolvendo parcerias entre empresas e ONGs". O artigo é dividido nos seguintes itens: Por que fazer parcerias. Os níveis de parceria. Como fazer? Alguns processos e variáveis de sucesso.

KARKOTLI, G. R. **A importância da responsabilidade social para a implementação do marketing social nas organizações**. 2002. Dissertação (Mestrado em Engenharia da Produção), UFSC, Santa Catarina, 2002.

Este trabalho teve como objetivo analisar a importância da responsabilidade social para a implementação do marketing social nas organizações. Buscou descrever e analisar a responsabilidade social através dos tempos até os dias atuais; analisar a ética empresarial, verificando desde os seus critérios de eticidade até seus fatores de lucro para as organizações; analisar o balanço social e a norma Accountability AS 8000; analisar o marketing na atualidade; realizar pesquisa qualitativa para avaliar a responsabilidade social e o marketing social nas organizações localizadas nos estados do Rio Grande do Sul e Santa Catarina.

LIMA, M. C. Responsabilidade social: apoio das empresas privadas brasileiras à comunidade. In: **Responsabilidade social das empresas**: a contribuição das universidades – vol. 1. São Paulo, Peirópolis: Instituto Ethos, 2002.

Coletânea com o trabalho dos doze finalistas do Prêmio Ethos-Valor, abril de 2001 – primeira edição do Concurso Nacional para Estudantes Universitários sobre Responsabilidade Social nas Empresas. Um dos trabalhos, de Marirone Carvalho Lima da Universidade Estadual de Feira de Santana (BA), trata do tema da responsabilidade social empresarial na forma de apoio à comunidade por meio de parcerias com entidades do terceiro setor. A parceria entre as empresas privadas e as organizações do terceiro setor é debatida nos seguintes aspectos: as pressões provocadas para o seu estabelecimento e as vantagens que dela advêm para cada setor; a racionalidade predominante e a racionalidade exigida; o significado do resultado para os parceiros e para a parceria em si; e os problemas advindos de sua gestão.

LOUETTE, A. **Responsabilidade social empresarial**: panorama e perspectiva na indústria paulista. São Paulo: Fiesp, 2003.

Relatório da pesquisa realizada pela Fiesp revela o crescente número de indústrias que utilizam parcerias para a ação social. Ressalta que 60% das grandes indústrias já apresentam uma conduta diferenciada nesta questão. Os parceiros mais comuns, segundo a pesquisa, são as organizações do terceiro setor. Mostra também que as indústrias têm atuado preferencialmente em cooperação com organizações situadas no âmbito municipal (ligadas tanto ao setor público quanto à sociedade civil) – uma tendência de trabalho social colaborativo no interior do próprio setor privado.

MARIN, S.; GALINDO, D. **Instituições sem fins lucrativos**. Rits acervo, jan. 2003. Disponível em <http://www.rits.org.br>. Acesso em 24 abr. 2004.

Os autores abordam neste artigo principalmente assuntos relacionados ao marketing social e entidades sem fins lucrativos. Porém ressaltam que, na integração entre empresas e entidades filantrópicas, todos têm muito a ganhar. De um lado as empresas transmitindo conceitos e avaliações; de outro, profissionais mais focados em seu trabalho.

MARQUES, R. M. **Alianças estratégicas**. Campinas: Alínea, 2003.

O autor é professor universitário na Unip – Universidade Paulista –, no curso de Administração em Comércio Exterior, e consultor de empresas. Este livro – destinado a estudantes de Administração – mostra a participação das empresas nas alianças, sua formação e sua utilização. Considera a "formação de alianças estratégicas como parcerias que possibilitam a aquisição da vantagem competitiva, por meio do compartilhamento de recursos entre duas ou mais organizações, que de outra forma não poderiam obtê-las". Embora trate exclusivamente das alianças entre empresas, pode ser útil na análise das diferenças entre os conceitos de alianças e parcerias vindas do mundo empresarial e os aplicados à área social.

MELO NETO, F. P. **Gestão da responsabilidade social corporativa**: o caso brasileiro. Rio de Janeiro: Qualitymark, 2001.

O autor é consultor de empresas e atua na área de desenho de projetos sociais do Banco Mundial. É graduado em Administração Pública pela FGV – Ebap/RJ e mestre na Webster University, Viena, Áustria. Neste livro trata do exercício da responsabilidade social em face das aceleradas mudanças e do agravamento dos problemas sociais, desafio a ser vencido, segundo ele, pela ação conjunta do Estado, das empresas e da sociedade civil.

Explora os ganhos expressivos de imagem das empresas e os novos modelos de empreendedorismo social e da chamada filantropia de alto desempenho, bem como a questão da responsabilidade social corporativa como promoção da cidadania e do desenvolvimento social. Trata do desempenho social das empresas brasileiras e do conceito de responsabilidade social corporativa. Considera que as "empresas-cidadãs", em parceria com as demais entidades do terceiro setor, "assumem definitivamente o papel de agentes do novo desenvolvimento".

MELO NETO, F. P.; FROES, C. **Empreendedorismo social**: a transição para sociedade sustentável. Rio de Janeiro: Qualitymark, 2002.

Francisco Paulo de Melo Neto é mestre – M. A. Management – na Webster University, Viena, Áustria e doutorando em Marketing Esportivo e Social pela Universidade Federal de Santa Maria – UFSM/RS. Trabalha na área de desenhos de projetos do Banco Mundial. César Froes é mestre em Administração Pública pela Ebap/FGV/RJ, atualmente professor-assistente da Universidade Federal do Rio de Janeiro – UFRRJ.

Neste trabalho, os autores convidam à mudança de paradigmas, o incentivo à cidadania efetiva e a busca da fórmula acertada para o desenvolvimento sustentável. Consideram que a trajetória do empreendedorismo vai do privado ao político-institucional, passando pelo social e pelo físico. O núcleo do modelo enfatizado consiste na horizontalização das relações e no estabelecimento de laços cada vez mais intensos e variados entre os cidadãos. Neste roteiro considerado "cívico" estão a inclusão social, as parcerias e as inúmeras formas de cidadania participativa. Buscam oferecer neste trabalho estratégias de dinamização de iniciativas das empresas-cidadãs e da sociedade maior no processo de construção de uma sociedade sustentável.

MELO NETO, F. P.; FROES, C. **Responsabilidade social e cidadania empresarial**: a administração do terceiro setor. Rio de Janeiro: Qualitymark, 1999.

Neste livro os autores pretendem apontar algumas idéias para a solução dos problemas brasileiros. A solução está localizada, segundo eles, no terceiro setor – "um novo campo de atividades a ser explorado pelas empresas que querem exercer a responsabilidade social". Consideram o terceiro setor como uma nova proposta de ação no campo social, baseada em princípios de gestão de marketing social, com foco em ações de parceria em projetos sociais.

Analisam o desempenho de algumas empresas com exemplos e estudos de caso. Os temas tratados são: o conceito de terceiro setor, sua dinâmica e modalidades de ação; os problemas sociais; o gerenciamento social; as novas tendências em projetos sociais; o exercício da responsabilidade social e da cidadania empresarial; os indicadores de responsabilidade social; o valor social agregado a projetos empresariais; marketing social; avaliação e certificação social.

As parcerias com o governo, empresas privadas, comunidade e entidades sem fins lucrativos são consideradas uma das modalidades de ação social e o mais novo modelo de investimentos no terceiro setor.

MELO, C.; KZAN, R. M. A construção de alianças e parcerias no 3º setor. **O Liberal on Line**. Belém, abr. 2004. Disponível em <www.oliberaonline.com.br>. Acesso em 10 abr. 2004.

Este artigo mostra a importância das parcerias intersetoriais. Traz uma entrevista com Vivianne Naigeborin, diretora internacional de Parcerias Estratégicas da Ashoka Empreendedores Sociais, quando considera que as parcerias podem envolver recursos financeiros, mas, sobretudo, "a parceria possibilita uma visão mais integral e, portanto, uma atuação mais integrada no enfrentamento dos graves problemas sociais existentes". Compreende parceria como o desenvolvimento de projetos em conjunto: "uma das organizações toma a iniciativa de buscar outras para se envolverem em um projeto conjunto", e alianças como o momento em que "a iniciativa do projeto surge de instituições que compartilham valores e visão e que, juntas, definem e planejam estratégias e objetivos".

MESQUITA R. **Inquietação e mudanças**. Rio de Janeiro, set. 2003. Disponível em <www.academiasocial.org.br>. Acesso em 26 maio 2004.

Rui Mesquita é formado em Administração na Universidade de Pernambuco e um dos fundadores da Academia de Desenvolvimento Social localizada na Grande Recife. Neste artigo, o Portal do Voluntariado entrevista Rui Mesquita, que ressalta a tradição associativista e de participação do Nordeste brasileiro e mostra que a confluência de missões e objetivos é vital para o estabelecimento de parcerias intersetoriais.

NOLETO, M. J. **Parcerias e alianças estratégicas**: uma abordagem prática. São Paulo: Global, 2000.

Marlova Jovchelovitch Noleto é mestre em Serviço Social pela PUC/RS, oficial de Programas e coordenadora de Projetos Transdiciplinares da Unesco. Este trabalho é parte integrante da coleção Gestão e Sustentabilidade, desenvolvida pelo Instituto Fonte em parceria com o ICE – Instituto de Cidadania Empresarial – visando atender às necessidades de conteúdos e instrumentos de gestão para as organizações da sociedade civil. Parte da constatação da atualidade do tema diante do aumento das demandas sociais, e do fato de que a busca por parcerias e construção de alianças tem sido pouco estudada. Para a autora, "parceria é uma arte; construí-la envolve habilidades e até certo talento" (p. 11).

Desenvolve os conceitos de parceira e aliança estratégica, distinguindo-os: "A lógica da parceria é a da intercomplementaridade de recursos e capacidades entre as organizações parceiras. Já na aliança, organizações que poderiam atuar de forma independente diante de uma determinada questão decidem fazê-lo conjuntamente..." (p. 15).

Trabalha ainda o "saber fazer" e o "como fazer", destacando as características, objetivos e metodologia para iniciar parcerias e alianças. Organiza alguns princípios fundamentais, além dos mitos que permeiam o processo. Traz ainda um breve comentário a respeito do marco legal sobre parcerias (Lei nº 9.790 de 23/3/1999).

OBSERVATÓRIO SOCIAL. **Responsabilidade social e empresarial**: perspectivas para ação sindical. Florianópolis, 2004. Disponível em <www.observatoriosocial.org.br/.>

Esta publicação é o resultado do trabalho interdisciplinar da equipe de pesquisadores do Instituto Observatório Social. O objetivo deste texto é apresentar o debate sobre responsabilidade social empresarial, enfocando os interesses dos trabalhadores e dos sindicatos. O texto trata dos temas: contexto e visões sobre a responsabilidade social empresarial; os marcos referenciais da responsabilidade social; os diferentes atores e a responsabilidade social empresarial; a responsabilidade social empresarial no discurso e na prática. No item intitulado "Outras partes interessadas na RSE", os autores refletem a parceria estratégica entre empresas e ONGs, mostrando vantagens e desvantagens.

ONGs, identidade e desafios atuais. **Cadernos Abong**, São Paulo, nº 27, maio de 2000.

Coletânea de textos que tratam dos desafios e das perspectivas que as ONGs enfrentam no contexto atual:

- ARANTES, P. E. Esquerda e direita no espelho das ONGs.
- OLIVEIRA, F. Brasil: da pobreza da inflação para a inflação da pobreza.
- CACCIA BAVA, S. O terceiro setor e os desafios do estado de São Paulo para o século XXI.
- BAILEY, M. Levantamento de fundos no Brasil: principais implicações para as organizações da sociedade civil e ONGs internacionais.

No seu texto, Silvio Caccia Bava salienta que a aproximação – recente – entre distintas entidades sem fins lucrativos para a realização de projetos conjuntos enfrenta um duplo desafio: a construção de relações democráticas e horizontais entre essas instituições e a definição do que essas entidades entendem por interesse público. Segundo o autor, esses desafios são particularmente delicados se considerarmos que nessas parcerias estão envolvidas instituições como bancos, grandes empresas, fundações empresariais, centrais sindicais, associações comunitárias e profissionais, ONGs, igrejas etc.

PAMPOLINI H. J. **Uma abordagem qualitativa sobre o entendimento dos empresários paranaenses acerca das respectivas repercussões em âmbito pessoal organizacional e comunitário.** 2001. Dissertação (Mestrado em Engenharia da Produção), UFSC, Santa Catarina, 2001.

Esta dissertação tem como objetivo apresentar o entendimento sobre ações de responsabilidade social dos empresários ligados a empresas fornecedoras de alimentação coletiva – região metropolitana de Curitiba. Buscou levantar, por intermédio da literatura pertinente ao assunto, as abordagens correspondentes à responsabilidade social; expor e debater alguns aspectos concernentes à realidade econômica e social em face do momento presente, enfatizando a emergência e a viabilidade das ações de responsabilidade social; identificar e apresentar investimentos em projetos sociais realizados por empresas situadas no estado do Paraná e na região metropolitana de Curitiba; descrever e interpretar os dados obtidos.

PELIANO, A. M. T. M. (coord.). **A iniciativa privada e o espírito público**: um retrato da ação social das empresas do Sudeste brasileiro. Brasília: Ipea, 2000.

Esta publicação trata dos primeiros resultados da pesquisa Ação Social das Empresas realizada pelo Ipea (1999) no campo das ações sociais de caráter público, porém não-estatal. O objetivo é identificar espaços para que a ação do Estado seja complementada por outras iniciativas da sociedade, tanto das empresas privadas como das organizações do terceiro setor. Parte do pressuposto de que o avanço nessa direção tem sido lento, "em parte devido à própria dificuldade de romper com velhos hábitos de isolacionismo, em parte por mútuo desconhecimento do que realiza cada um dos parceiros potenciais".

Traz os resultados da pesquisa focada inicialmente no Sudeste, pelo fato de que nele se concentra a metade das empresas, quase 60% do PIB nacional e cerca de 30% da população que vive em condições de pobreza.

A pesquisa utiliza um conceito abrangente de ação social empresarial: qualquer atividade que as empresas realizam para atender às comunidades em várias áreas (de pequenas doações até projetos estruturados), excluindo-se apenas as atividades executadas por obrigação legal.

Em relação às formas de atuação das empresas, os resultados mostram que 4% delas declaram atuar por meio da realização de projetos em parceria com organizações comunitárias; 1% pela criação de uma entidade gerada pela empresa (instituto, fundação, associação etc.).

PELIANO, A. M. T. M. (coord.). **Bondade ou interesse? Como e por que as empresas atuam na área social**. Brasília: Ipea, 2001.

O estudo acrescenta uma dimensão nova à pesquisa Ação Social das Empresas, trazendo dados qualitativos relevantes sobre quais as motivações e atitudes do setor privado no campo social. Tal pesquisa foi desenvolvida nas seguintes regiões metropolitanas: São Paulo, Rio de Janeiro e Belo Horizonte. Foram identificadas 59 empresas que haviam declarado na etapa anterior desenvolverem ações sociais nas áreas de assistência social, alimentação, saúde ou educação, mas apenas 47 delas participaram da pesquisa que foi realizada entre os meses de outubro e dezembro de 2000. Segundo os dados levantados, o motor da ação social é a filantropia: 76% das empresas declararam realizar alguma atividade social por motivos humanitários.

PEZZULLO, S. **Desenvolvendo sua organização**: um guia de sustentabilidade para ONGs. São Paulo: Senac, 2003.

Susan Pezzullo é diretora do serviço de capacitação da IYF. Neste trabalho, desenvolve princípios básicos, sugestões e ferramentas para a sustentabilidade das ONGs. Traz estudos de caso de 40 organizações associadas em todo o mundo, entre as quais a Fundação Abrinq. No capítulo 5 trata da formação de alianças com o setor privado, discute as várias relações que as ONGs podem ter com o setor privado e fornece sugestões e exemplos de como estabelecer ligações bem-sucedidas.

PINHEIRO MACHADO F, C. A. **Responsabilidade social corporativa e a criação de valor para as organizações**: um estudo multicasos. 2002. Tese (Doutorado em Administração), FEA-USP, São Paulo, 2002.

Esta pesquisa busca refletir a natureza da dimensão ética dos negócios. Parte de enfoques baseados na "visão dos *stakeholders*" e suas diferentes compreensões, sobretudo quanto à necessidade de incorporação de todos os agentes (clientes, fornecedores, funcionários, acionistas, comunidade local) envolvidos nas ações empresariais. Destaca o papel do ambiente institucional na indução das ações de responsabilidade social das empresas. A partir de estudos de caso (Sadia, Nestlé, Perdigão, Jarí Celulose e Orsa), distingue as motivações que têm levado essas empresas a se engajarem em práticas de responsabilidade social, discutindo tipos alternativos de estrutura organizacional adotados para o desenvolvimento dessas ações. Destaca três tipos de estrutura para a empresa lidar com ações de responsabilidade social: internalizar as atividades, operacionalizando diretamente os projetos sociais; desenvolver ações sociais por meio de outra organização sob seu controle; desenvolver ações sociais por meio de parcerias com outras organizações, sem operacionalizar diretamente as atividades. Uma das conclusões do trabalho é que a estruturação de organizações especializadas sob controle hierárquico da empresa, diante do aumento e da complexidade das ações sociais, parece mostrar evidências de maior eficiência.

PINHEIRO, R. **Captação de recursos ou construção de alianças?**, Pernambuco, abr. 2003. Disponível em <www.academiasocial.org.br>. Acesso em 26 maio 2004.

O autor é administrador, fundador e vice-presidente da ONG Academia de Desenvolvimento Social, localizada no Recife. Este artigo mostra alguns pré-requisitos para a formação de alianças, dentre eles a transformação social que desejamos atingir e quais caminhos iremos percorrer para alcançá-los. Segundo o autor, "A construção de alianças é um processo, pois é uma busca interminável por relacionamentos e conquista de confiança".

RODRIGUES, S. B. (org.). **Competitividade, alianças estratégicas e gerência internacional**. São Paulo: Atlas, 1999.

Susana Braga Rodrigues tem pós-doutorado pela University of Cambridge (Inglaterra), é PhD em Decisões Estratégicas pela University of Brandford Management Centre (Inglaterra) e professora titular do Departamento de Ciências Administrativas da UFMG. É coordenadora do Grupo de Estudos em Gestão Internacional e Alianças Estratégicas (GGI) do Centro de Pós-Graduação e Pesquisas em Administração da UFMG – Cepead.

Este trabalho é uma coletânea de textos de vários autores, onde são abordadas questões de competitividade, estratégia e expansão internacional. Trata de alianças estritamente empresariais, podendo servir como parâmetro comparativo para alianças na área social.

Os autores analisam os temas pertinentes às alianças estratégicas internacionais, bem como os desafios e perspectivas que se descortinam para a gerência internacional. Segundo eles, a formação de uma aliança entre empresas brasileiras e estrangeiras tem como objetivo adquirir mais rapidamente novas habilidades. Quando o objetivo é alcançado, a aliança pode ou não ser desfeita e, eventualmente, os parceiros passam a competir entre si.

Entre as formas mais comuns de investimentos estão a *joint venture* – associação de empresa brasileira e estrangeira. Leva-se também em consideração que quando uma empresa estrangeira entra em outro país, ela precisa preocupar-se com a gestão ambiental, ter "responsabilidade social, para acomodar a diversidade e homogeneidade, reduzir desigualdades, crescer sustentavelmente, enfim, para que comecem a exercer papéis que eram até agora destinados aos Estados" (Carrieri, 1999: 94). As empresas brasileiras e estrangeiras, segundo os autores, fazem alianças e parcerias para aprender e principalmente para entrar no mercado globalizado.

SCHOMMER, P. C. **Investimento social das empresas**: cooperação organizacional num espaço compartilhado. 2000. Dissertação (Mestrado em Administração), Escola de Administração, Universidade Federal da Bahia, Salvador, 2000.

Esta dissertação procura mostrar o universo dos investimentos empresariais na área do terceiro setor e as formas de cooperação entre as empresas. Traz este levantamento de forma clara, contextualizado e caracterizando bem os tipos de organização e suas inter-relações.

Os objetivos do trabalho são: identificar características de estruturas organizacionais por meio das quais as empresas investem sistematicamente em ações voltadas para a comunidade no Brasil; identificar tipos de cooperação entre estruturas organizacionais de empresas e estruturas voltadas para a área social, bem como os elementos que influenciam esses tipos de cooperação.

A metodologia utilizada é o estudo exploratório e comparativo de natureza qualitativo, baseado em um conjunto de casos exemplares, constituído por 20 organizações integrantes do Gife. Utiliza a pesquisa bibliográfica, documental e entrevistas com um integrante de cada uma das 20 organizações.

Entre as conclusões, destaca-se que os modelos de atuação nessa área no Brasil caracterizam-se pela heterogeneidade e hibridismo e estão em transformação, numa pluralidade de formas e relações características do atual cenário organizacional. São exemplos claros da imprecisão dos limites entre o público e o privado e dos tipos diferenciados de organizações geradas no espaço de interação pelo bem comum. Identifica também que algumas condições devem ser desenvolvidas para que as virtudes das relações de cooperação interorganizacional sejam potencializadas.

SCHOMMER, P. C.; FISCHER, T. Empresas privadas e ação social: práticas, dilemas e participação no desenvolvimento. In: SILVEIRA, C. M.; REIS, L. C. (orgs.). **Desenvolvimento local:** dinâmicas e estratégias. Rio de Janeiro: Rede de Desenvolvimento Local Integrado e Sustentável, 2001.

Paula Chies Schommer é doutoranda em Administração de Empresas da Fundação Getúlio Vargas (FGV/Easesp) e pesquisadora do Núcleo de Estudos sobre Poder e Organizações Locais da Universidade Federal da Bahia. Tânia Fischer é professora titular da Escola de Administração da Universidade Federal da Bahia e coordenadora do Nepol – Núcleo de Estudos sobre Poder e Organizações Locais.

Neste artigo as autoras analisam a integração de agentes e recursos de diferentes origens e características para o desenvolvimento local. O trabalho foca a participação das empresas privadas em questões sociais e a redefinição de papéis entre agentes sociais e de desenvolvimento em espaço público comum. Alguns termos são discutidos, como cidadania empresarial, filantropia estratégica, responsabilidade social, investimento social corporativo e ética nos negócios. Traz exemplos de modelos de atuação de empresas no social, refletindo seu impacto no desenvolvimento local. Analisa o cenário no qual as inter-relações se dão, bem como o caráter difuso dessa nova realidade. Recomenda que o setor privado não seja considerado o principal agente de promoção de ações públicas.

SPINK, P . **Parcerias e alianças com organizações não-estatais**: São Paulo, Pólis /Eaesp/FGV, 2001. Disponível em <http://www.polis.org.br/publicações/download/arquivos/cadbid6.pdf>. Acesso em 24 abr. 2004.

Este caderno sistematiza experiências do programa Gestão Pública e Cidadania, coordenado por Peter Spink. Faz parte do Programa de Disseminação de Inovações e Prática Inovadora em Gestão Pública Subnacional realizado em conjunto como o Instituto Pólis, Eaesp/FGV e o Cedec.

Embora ligado mais diretamente à gestão pública, propõe conceitos para parcerias: "Primeiro, parceria implica em ser parceiro, em ter co-responsabilidade. Segundo, é algo a longo prazo. E, terceiro, representa um comprometimento substantivo com a questão".

SPINK, P.; CAMAROTTI, I. (orgs.). **Parcerias e pobreza:** soluções locais na construção de relações sócio-econômicas. Rio de Janeiro: Editora FGV, 2000.

Ilka Camarotti é coordenadora do subprograma de práticas públicas e pobreza do programa Gestão Pública e Cidadania. Peter Spink é professor titular da Escola de Administração de Empresas de São Paulo da Fundação Getúlio Vargas (FGV/Eaesp) e diretor do programa Gestão Pública e Cidadania.

Este livro resulta de um trabalho de pesquisa e avaliação de projetos de redução de pobreza feito pelo programa Gestão Pública e Cidadania da FGV/Eaesp com o apoio do Banco Mundial. Enfoca as diferentes alianças ou parcerias desenvolvidas entre esferas de governo, organizações não-governamentais e comunitárias e empresas privadas. Traz cinco estudos (Cidadania Ativa – Valente/BA; Asmare –

Belo Horizonte/MG; Projeto Couro Vegetal da Amazônia – Acre; Projeto Pescar – Porto Alegre/RS; Crédito PortoSol – Porto Alegre/RS), elaborados por pesquisadores independentes a partir de visitas de campo que demonstram como as alianças vêm se constituindo em um importante vetor de mudanças e de desenvolvimento social. O trabalho evidencia sinais de uma democratização das relações entre Estado e forças sociais, pela via do fortalecimento da capacidade de intervenção local na sua articulação com a política pública.

TACHIZAWA, T. **Organizações não-governamentais e terceiro setor**: criação de ONGs e estratégias de atuação. São Paulo: Atlas, 2002.

Takeshy Tachizawa é doutor em Administração pela Eaesp-FGV, professor do Núcleo de Pesquisa e Pós-Graduação do Instituto Metodista Bennett e diretor técnico da ETT Consultores Associados S. C. Ltda. É autor de vários livros sobre gestão organizacional.

Neste livro apresenta técnicas inerentes à gestão das organizações não-governamentais e outros tipos de organização social sem fins lucrativos que compõem o terceiro setor. Propõe um roteiro para criar uma organização voltada para o desenvolvimento de atividades de interesse público, com seus trâmites legais e burocráticos. Analisa tipos de empresa que compõem o segundo setor, em termos de estratégias e projetos sociais, e que têm atuação relevante tanto diretamente nas comunidades, como por meio de parcerias com organizações do terceiro setor. O capítulo 15 aborda noções gerais de parcerias e alianças estratégicas.

UNESCO. **Unesco Brasil:** novos marcos de ação. Brasília: Unesco, 2001. Disponível em <http://www.unesco.or.br>. Acesso em 2 jun. 2004.

Atualização da publicação feita em 1999, o texto inclui os novos marcos de ação da Unesco e apresenta uma abordagem panorâmica sobre a diversidade, complexidade e perspectiva do Brasil, bem como a estratégia da Unesco de cooperação com o poder público e a sociedade civil, seguida de exemplos de projetos executados em parceria. Reflete a prática de estabelecer parcerias da Unesco, seja com a sociedade civil organizada, seja com órgãos do poder público, como uma constante na sua atuação, em especial nos últimos anos. Considera que a superação das barreiras ao desenvolvimento humano brasileiro exige "a soma de esforços contínua, permanente e sistemática de toda a sociedade e dos governos". A política de parcerias, de ações descentralizadas e de apoio e incentivo a inovações desenha na prática um modo de operação eficaz na efetivação dos compromissos coletivos, possibilitando a ampliação de alianças e parcerias.

VALARELLI, L. L. **Avaliar e gerir suas relações de cooperação e parceria**. Rio de Janeiro, 2003. Disponível em <http://www.rits.org.br>. Acesso em 24 abr. 2004.

Neste pequeno artigo o autor apresenta um guia prático sobre como avaliar e gerir relações de parceria. Sugere o estabelecimento de mecanismos, regras e procedimentos regulares de avaliação e acompanhamento da qualidade da relação, nos seguintes aspectos: objetivos, fidelidade ao contrato, vantagens, confiança, comunicação e conflitos.

Anexo II - Bibliografia

Bibliografia consultada (69)

Ação Empresarial pela Cidadania. Guia para a ação social. **AEC, Notícias e Opiniões**, Pernambuco, abr. 2004. Disponível em <http://carlota.cesar.org.br/aec>. Acesso em 30 abr. 2004.

ADULIS, D. **Da colaboração à parceria**. Rits, Rio de Janeiro, maio de 2002. Disponível em <http://www.rits.org.br>. Acesso em 24 abr. 2004.

ADULIS, D. **Questões-chave para análise de relações de parceria**. São Paulo, 2004. Disponível em <http://www.moradia.org.br/questoes.htm> Acesso em 1º jun. 2004.

AMOROSO, R. **Alianças e parcerias**: uma abordagem baseada na aprendizagem organizacional. 1994. Dissertação (Mestrado em Administração), FEA – USP, São Paulo, 1994.

ANDRADE, M. G. V. **Organizações do terceiro setor**: estratégia para captação de recursos. 2002. Dissertação (Mestrado em Administração), UFSC, Santa Catarina, 2002.

AUSTIN, J. E. **Parcerias**: fundamentos e benefícios para o terceiro setor. São Paulo: Futura, 2001.

AZEVEDO F. A. Passos para a construção de parcerias. **Ação Empresarial pela Cidadania, Notícias e Opiniões**, Pernambuco, abr. 2004. Disponível em <http://carlota.cesar.org.br/aec>. Acesso em 25 maio 2004.

BARREIRA, C. **Uma questão para pensar**: parcerias e alianças estratégicas. Disponível em <http://www.moradia.org.br/aliancas.htm>. Acesso em 17 abr. 2004.

BARRETO, C. E. F. **Responsabilidade social das empresas**: um estudo de caso. 2003. Tese (Doutorado em Ciências Sociais), PUC-SP, São Paulo, 2003.

BAVA, C. S. Mitos e realidades sobre inclusão social, participação cidadã e desenvolvimento local. In **II Foro Temático Regional Gobernabilidad Para El Empoderamiento de Los Pobres**. Lima: 2002. Disponível em <http://www.bancomundial.org/foros/sdadcivil/web/contexto.htm>. Acesso em 17 abr. 2004.

BOLETIM ASHOKA; CARVALHO, E. **No gerenciamento da ação conjunta, a chave da parceria**. Fev. 2002.

BORGER, F. G. **Responsabilidade social**: efeitos da atuação social na dinâmica empresarial. 2001. Tese (Doutorado em Administração), FEA-USP, São Paulo, 2001.

BOSE, M; DUTRA, T; SCHOENMAKER, L. **Os caminhos e os desafios da colaboração intersetorial**. Out. 2003. Disponível em <http://www.acceso.or.cr/istr/memória/temas/ponencias/panel-4/MonicaBose.pdf.>. Acesso em 30 abr. 2004.

CAMARGO, M. F. et al. **Gestão do terceiro setor no Brasil**. São Paulo: Futura, 2001.

CARDOSO, R. (org.). **Estratégias inovadoras de parceria no combate à exclusão social**: avaliação, diálogo e perspectivas. Brasília: Comunidade Solidária, 2000.

CARDOSO, R. (org.). **Comunidade Solidária**: fortalecendo a sociedade, promovendo o desenvolvimento. Rio de Janeiro: Comunitas, 2002. Disponível em <http://comunitas.org.br>. Acesso em 2 jun. 2004.

CARDOSO, R. **O desafio da responsabilidade**: cidadania empresarial no Brasil e nos Estados Unidos. Brasília: Comunidade Solidária. Disponível em <http://www.comunitas.org.br>. Acesso em 3 jun. 2004.

CARVALHO, C. A. P. **Preservar a identidade e buscar padrões de eficiência**: questões complementares ou contraditórias na atualidade das ONGs. Rits, Rio de Janeiro, jul. 2000. Disponível em <http://www.rits.org.br>. Acesso em 24 abr. 2004.

SCHOMMER, P. C.; FISCHER, T. Empresas privadas e ação social: práticas, dilemas e participação no desenvolvimento. In: SILVEIRA, C. M.; REIS, L. C. (orgs.). **Desenvolvimento local**: dinâmicas e estratégias. Rio de Janeiro: Rede de Desenvolvimento Local Integrado e Sustentável, 2001.

SPINK, P. **Parcerias e alianças com organizações não-estatais**. São Paulo: Pólis/Eases/FGV, 2001. Disponível em <http://www.polis.org.br/publicações/download/arquivos/cadbid6.pdf>. Acesso em 24 abr. 2004.

SPINK, P.; CAMAROTTI, I. (orgs.). **Parcerias e pobreza**: soluções locais na construção de relações sócio-econômicas. Rio de Janeiro: Editora FGV, 2000.

TACHIZAWA, T. **Organizações Não-Governamentais e terceiro setor**: criação de ONGs e estratégias de atuação. São Paulo: Atlas, 2002.

UNESCO. **Unesco Brasil**: novos marcos de ação. Brasília: Unesco, 2001. Disponível em <http://www.unesco.or.br>. Acesso em 2 jun. 2004.

VALARELLI, L. L. **Avaliar e gerir suas relações de cooperação e parceria**. Rio de Janeiro, 2003. Disponível em <http://www.rits.org.br>. Acesso em 24 abr. 2004.

VALARELLI, L. L. **Parcerias – noções gerais**. Rio de Janeiro, 1999. Disponível em <http://www.rits.org.br>. Acesso em 24 abr. 2004.

WITTMANN, T. **Fortalecimento das parcerias é desafio do terceiro setor**. BPW, jul. 2003. Disponível em <http://www.bpw-brasil.org.br/artigosx.>. Acesso em 20 abr. 2004.

Outros títulos (37)

ABONG. **O impacto social do trabalho das ONGs no Brasil**. São Paulo, 1998.

BARBOSA, M. N. L. Convênios e parcerias entre o setor público e o terceiro setor. **Cadernos do Terceiro Setor** – Cets-FGV, São Paulo, nº 5, 2000.

CARDOSO, R. **Cidadania empresarial**: o desafio da responsabilidade. Fascículo Update BR-EUA, suplemento especial, Amcham, São Paulo, nº 8, ago. 2000.

CARRÃO, A. M. R. Empresas familiares e economia de comunhão: em busca de uma parceria viável. **Revista da APG**, São Paulo, mar. 1998.

CATTANI, A. D. (org.). **Fórum Social Mundial**: a construção de um mundo melhor. Porto Alegre: UFRGS/Vozes/Unitrabalho/Corag/Veraz Comunicações, 2001.

Comunidade Solidária. **Dez consensos sobre o desenvolvimento local integrado e sustentável**. Número 6: Ipea, Brasília, 1998.

Comunidade Solidária. **Parcerias para o desenvolvimento social**. Brasília: Conselho da Comunidade Solidária, 2001.

CORRÊA, S. C. H. **Projetos de responsabilidade social**: a nova fronteira do marketing na construção de uma imagem institucional. 1997. Dissertação (Mestrado) Coppead/Rio de Janeiro, 1997.

COSTA, C. S.; VISCONTI, G. R. **Empresas, responsabilidade corporativa e investimento social**: uma abordagem introdutória. BNDES, Relatório Setorial nº 1, Rio de Janeiro, mar. 2000. Disponível em <http://www.bndes.gov.br>. Acesso em 20 maio 2004.

DAVID, D. E. H. **Intraempreendedorismo social**: Perspectivas para o desenvolvimento social nas organizações. 2003. Tese (Doutorado), UFSC, Santa Catarina, 2003.

DURÃO, J. E. S. Perspectiva de parceria com a cooperação internacional. **Cadernos Abong**, São Paulo, nº 9, ago 1995.

ESTEVES, S. A. P. **O dragão e a borboleta**: sustentabilidade e responsabilidade social dos negócios. São Paulo: Axis Mundi, 2000.

FIEMG. **Empresas e responsabilidade social**: um estudo sobre as ações sociais realizadas pelo setor privado em Minas Gerais. Belo Horizonte, 2000.

FISCHER, R. M. **Alianças de colaboração**: reflexões sobre o estudo no Brasil. Ceats, São Paulo. Documento interno.

GARRISON, J. W. **Do confronto à colaboração**: relações entre a sociedade civil, o governo e o Banco Mundial no Brasil. Brasília: Banco Mundial, 2000.

GÓES DE PAULA, S.; ROHDEN, F. **Empresas e filantropia no Brasil**: um estudo sobre o prêmio ECO. Rio de Janeiro: Iser, 1996.

GOHN, M. G. **Cidade, ONGs e ações coletivas**: novas parcerias, atores e práticas civis. São Paulo: Perspectiva, 1995.

GOMES DA COSTA, A. C. **Lições de aprendiz**: pessoas, idéias e fatos que estão construindo uma nova história de responsabilidade social no Brasil. Belo Horizonte: Modus Faciendi, 2002. 168 p.

GOYS, R. **Perfil da empresa que investe em projetos sociais na comunidade**. São Paulo: Senac, 2001.

GOZZOLI, H. M. **Cidadania corporativa**: estratégias bem-sucedidas para empresas responsáveis. São Paulo: Qualimark, 2001.

MAZZIERO, P.; BARBEIRO, E. R.; MENDONÇA, L. **O papel social das empresas em um cenário de internacionalização econômica**: uma análise dos impactos da internacionalização da economia brasileira sobre a atuação social empresarial. Porto Alegre: Cladea, 2002.

MELO RICO, E. O empresariado, a filantropia e a questão social. **Serviço social & sociedade**, São Paulo, nº 58, ano XIX, p. 24-40. Nov. 1998. Disponível em <http://www.pucrs.br/textos/artigos/responsabilidade.pdf>.

MELO, V. P. **Terceiro setor e interorganizações**: uma análise crítica a partir da realidade baiana. 2002. Dissertação (Mestrado em Administração), Escola de Administração da Universidade Federal da Bahia – UFBA, 2002.

MOBILIZA. **Seminário Internacional de Mobilização de Recursos para Organizações da Sociedade Civil**. Ashoka, Recife, abr. 2002. Documento interno.

OXFAM, CRS, Visão mundial e save the children. **Empresas e responsabilidade social**: um estudo no Nordeste do Brasil. Recife: Universidade Federal de Pernambuco, 1999.

PAOLI, M. C. Empresas e responsabilidade social: os enredamentos da cidadania no Brasil. In: SANTOS, B. S. **Democratizar a democracia**: os caminhos da democracia participativa. Rio de Janeiro: Civilização Brasileira, 2002.

PAULA NETO, A. **Parcerias para o desenvolvimento social**: uma análise do PVC – Programa Vale Cidadania. 2002. Dissertação (Mestrado), Universidade Federal de Lavras, Lavras, 2002.

PELIANO, A. M. T. M. (coord.). **A iniciativa privada e o espírito público**: um retrato da ação social das empresas do Nordeste brasileiro. Brasília: Ipea, 2001.

PELIANO, A. M. T. M. (coord.). **A iniciativa privada e o espírito público**: um retrato da ação social das empresas do Sul do Brasil. Brasília: Ipea, 2001.

PELIANO, A. M. T. M. (coord.). **A iniciativa privada e o espírito público**: um retrato da ação social das empresas no Brasil. Brasília: Ipea, 2003.

PINTO, W. G. **Responsabilidade social e criação de valor para a empresa**: um estudo de caso de uma grande organização brasileira. 2003. Dissertação (Mestrado em Administração), UFRJ, Rio de Janeiro, 2003.

QUEIROZ, A. Responsabilidade social das empresas e o terceiro setor: uma experiência brasileira. **Revista Introdução**, FGV, São Paulo, nº 14, ano 3, maio 2000.

SCHOMMER, P. C.; FISCHER, T. Cidadania empresarial no Brasil: os dilemas conceituais e a ação de três organizações baianas. In: **O&S**, v. 6, nº 15, maio/ago. 1999.

SENAC. **II Seminário Internacional do Terceiro Setor** – parcerias e alianças, pontes para inclusão social. São Paulo, 2003.

SERRA, J. S. **Marketing social**: estratégias de parceria entre instituições para infância, governo e iniciativa privada. 2002. Dissertação (Mestrado), ECA - Universidade de São Paulo, São Paulo, 2002.

SETUBALL, M. A. **Papel das organizações da sociedade civil nas políticas educacionais da década de 90**. Brasília, 2001. Disponível em <http://www.andi.org.br>.

WILHEIM, A. M.; FERRAREZI, E. E. Iniciativas empresariais e projetos sociais sem fins lucrativos. **Cadernos Abong**, São Paulo, nº 12, nov. 1995.

ALIANÇA CAPOAVA
ASHOKA AVINA ETHOS GIFE

Criada por Ashoka, AVINA, Ethos e GIFE em agosto de 2002, a Aliança é dedicada a promover e estimular, no Brasil, a reflexão sobre os modelos e os impactos das parcerias e alianças entre lideranças e organizações da sociedade civil e do setor empresarial.

A Aliança tem como missão criar uma mítica positiva e animadora pela construção e fortalecimento de parcerias e alianças entre as lideranças e organizações da sociedade civil e do setor empresarial, em busca de maior impacto em suas ações para o desenvolvimento sustentável.

Seus principais objetivos estratégicos são:

- Aumentar as bases de conhecimento e confiança mútua entre as lideranças e organizações da sociedade civil e do setor empresarial;
- Disseminar o papel estratégico das parcerias e/ou alianças entre estas lideranças;
- Promover o aperfeiçoamento das parcerias e alianças;
- Contribuir para o desenvolvimento da cultura de avaliação de parcerias e alianças.

A governança da Aliança Capoava estrutura-se a partir de um Grupo Pleno, composto por um número ilimitado de membros de organizações que a integram, mas que só toma decisões por consenso; um Comitê Gestor, formado por quatro representantes, um de cada organização, cuja coordenação é exercida em esquema de rodízio trimestral; e por um Grupo de Reflexão, formado por personalidades de credibilidade, convidadas a apoiar e a validar as linhas estratégicas e conceituais da Aliança.

ASHOKA EMPREENDEDORES SOCIAIS

Organização sem fins lucrativos, criada em 1980 na Índia, é a primeira associação mundial de empreendedores sociais. A Ashoka tem como missão "contribuir para criar um setor social empreendedor, eficiente e globalmente integrado". Presente em 52 países, a Ashoka identifica e investe em empreendedores sociais, indivíduos com idéias inovadoras e determinados a provocar mudanças sociais positivas e de amplo impacto social. No Brasil desde 1986, a Ashoka tem 231 empreendedores sociais selecionados em diversas áreas como meio ambiente, educação, saúde, desenvolvimento econômico, participação cívica e direitos humanos. Em 1996, foi criado o Centro de Competência para Empreendedores Sociais Ashoka- McKinsey, fruto de uma parceria estratégica com a McKinsey & Co. O CCES tem como principal estratégia a adaptação e transferência de conhecimentos e ferramentas do setor privado para o setor social a fim de maximizar o impacto de empreendedores sociais e suas organizações.

Rua Alves Guimarães, 715
05410-001
São Paulo - SP
Tel.: (55-11) 3085-9190
www.ashoka.org.br

AVINA

Fundação de origem suíça criada em 1994, visa contribuir para o desenvolvimento sustentável na Ibero-América.

A Avina trabalha em parceria com mais de mil líderes da sociedade civil e do empresariado em suas iniciativas de transformação social, por meio de seus 18 escritórios de representação e 5 escritórios de coordenação operacional, localizados na América Latina e na Península Ibérica. A missão da Fundação AVINA é estabelecer parcerias com líderes da sociedade civil e do empresariado em iniciativas favoráveis ao desenvolvimento sustentável nos países ibero-americanos. Os parceiros da AVINA têm acesso a um leque de serviços da Fundação para fortalecer sua liderança, suas instituições e suas iniciativas transformadoras. A AVINA também promove a colaboração entre seus parceiros, a formação de associações e redes entre eles, e os vínculos entre líderes da sociedade civil e do empresariado.

Rua Barão de Jaguaripe, 46
22421-000
Rio de Janeiro - RJ
Tel.: (55-21) 2521-3631
www.avina.net

INSTITUTO
ETHOS

EMPRESAS E RESPONSABILIDADE SOCIAL
BUSINESS AND SOCIAL RESPONSIBILITY

Organização não-governamental criada com a missão de mobilizar, sensibilizar e ajudar as empresas a gerir seus negócios de forma socialmente responsável, tornando-as parceiras na construção de uma sociedade sustentável e justa. Idealizado por empresários e executivos oriundos do setor privado, o Instituto Ethos reúne empresas associadas de todos os setores, portes e regiões do país, e se constitui como um pólo de organização de conhecimento, troca de experiências e produção de ferramentas que auxiliam as empresas a analisar suas práticas de gestão, estabelecendo padrões éticos de relacionamento com funcionários, clientes, fornecedores, comunidade, acionistas, poder público e com o meio ambiente. Além das empresas, o Instituto Ethos se articula com outros públicos de interesse, que são parceiros e indutores das mudanças comprometidas com a responsabilidade social e o desenvolvimento sustentável. São eles: entidades empresariais, jornalistas e veículos de comunicação, comunidade acadêmica, órgãos governamentais e entidades da sociedade civil.

Rua Francisco Leitão, 469 - cj. 1.407
05414-020
São Paulo - SP
Tel.: (55-11) 3897-2400
www.ethos.org.br

GIFE | GRUPO DE INSTITUTOS FUNDAÇÕES E EMPRESAS | BRASIL

Reúne organizações de origem privada que financiam ou executam projetos sociais de interesse público.

A atuação do GIFE visa a busca de soluções para superar as desigualdades brasileiras, baseando seu trabalho no fortalecimento político-institucional, capacitação e apoio à atuação estratégica de seus sócios e de institutos e fundações, especialmente os empresariais. A missão do GIFE é aperfeiçoar e difundir conceitos e práticas do uso de recursos privados para o desenvolvimento do bem comum. Para tanto, incentiva as empresas a realizar o investimento social privado – repasse voluntário de recursos privados de forma planejada, monitorada e sistemática para projetos de interesse público. Entre os seus serviços estão cursos, congressos, publicações e aconselhamento estratégico para empresas iniciando sua atuação social ou que pretendem aperfeiçoá-la. Além disso, o GIFE realiza articulações no Congresso Nacional e nos Poderes Executivos para aprimorar o ambiente legal, fiscal e tributário e estimular a participação da iniciativa privada na área social.

Av. Dr. Cardoso de Melo, 1.666 - 9º andar
04548-005
São Paulo - SP
Tel.: (55-11) 3849-2022
www.gife.org.br

Patrocínio

LINHA AMARELA S.A.
LAMSA

"A Linha Amarela S/A acredita na responsabilidade social empresarial como um passo para o desenvolvimento econômico e social de comunidades e também do país.
A oportunidade de apoiar o mapeamento das alianças e parcerias traz inovação aos debates e uma interação entre os setores da sociedade."

TIM
Viver sem fronteiras

As empresas têm grande responsabilidade no desenvolvimento econômico e social do país e a TIM acredita que para desempenhar melhor essa função, deve estabelecer parcerias com organizações da sociedade civil. As informações deste manual deverão contribuir para a disseminação do conhecimento sobre as relações entre os setores, ajudando na construção de uma sociedade mais justa e igualitária."

Apoio

ripasa

Este material foi impresso em papel Couché Image Mate 240 g/m^2 (capa) e papel Masterset 90 g/m^2 (miolo), produzido pela Ripasa S/A Celulose e Papel. Nossos produtos são fabricados em harmonia com o meio ambiente.

Alianças & Parcerias – Mapeamento das Publicações Brasileiras sobre Alianças e Parcerias entre Organizações da Sociedade Civil e Empresas é uma publicação da Aliança Capoava, uma iniciativa da Ashoka Empreendedores Sociais, Fundação AVINA, GIFE – Grupo de Institutos, Fundações e Empresas – e o Instituto Ethos de Empresas e Responsabilidade Social.

Realização
Aliança Capoava
Alameda Santos, 1.470 - conj. 411 - Cerqueira César
01418-100
São Paulo, SP
Tel.: (11) 3285-2104
www.aliancacapova.org.br

Comitê Gestor
Geraldo Vieira
Paulo Itacarambi
Rebecca Raposo
Sean Mckaughan
Vivianne Naigeborin
Fernando Rossetti

Coordenação Executiva
Cristina Meirelles

Pesquisa e Redação
Cristina Meirelles

Comitê de Pesquisa
Convidados:
Clóvis Borges, Neylar Lins, Rosa Maria Fischer
e Simone Coelho

Edição de Texto
Judi Cavalcante

Colaboradores do Instituto Ethos
Coordenação Gráfica
Leno F. Silva
Captação de Patrocínio
Karina Bidermann Fortenza

Projeto e Produção Gráfica
Via Impressa

Patrocínio
Lamsa - Linha Amarela S.A.
Tim

Apoio
Ripasa

ctp, impressão e acabamento

imprensaoficial

Rua da Mooca, 1921 São Paulo SP
Fones: 6099-9800 - 0800 123401
www.imprensaoficial.com.br